MARTIN RINCKART

Wilhelm Büchting · Siegmar Keil

MARTIN RINCKART
LEBEN und WERK

VORWORT

Mit dem Leben und Werk Martin Rinckarts (1586-1649), einer der bedeutendsten Persönlichkeiten Eilenburgs, haben sich in der Vergangenheit aus unterschiedlichsten Beweggründen schon mehrfach Autoren auseinandergesetzt. Deren Veröffentlichungen liegen allerdings schon Jahrzehnte zurück und sind nur noch in Spezialbibliotheken einzusehen. Das Luther-Jahr 1996 mit seinen auch in Beziehung zu Rinckart stehenden regionalen Jubiläen war deshalb für die Herausgeber Anlaß, die Vita dieses in der Tradition des Reformators stehenden geistlichen Amtsträgers, Dichters und Komponisten in einem reich bebilderten Band aufzuzeigen. Anregung für dieses Vorhaben gab eine mehrteilige Darstellung der wichtigsten Lebensstationen Rinckarts im Mitteilungsblatt der Kirchengemeinde anläßlich seines 400. Geburtstages durch den um die Pflege des Erbes dieser historischen Persönlichkeit verdienstvollen Pfarrers von St. Nikolai H. J. Danzmann. Da dieses und auch alle anderen in diesem Jahrhundert erschienenen Lebensbilder Rinckarts im wesentlichen auf einer umfangreichen Publikation von Dr. phil. Wilhelm Büchting (1864-1923) aus dem Jahre 1903 basieren, entschlossen sich die Herausgeber dieses faktenreiche Standardwerk zur Rinckartforschung in ungekürzter Form neu aufzulegen.

Dr. phil. W. Büchting, selbst Jahrzehnte in verschiedenen Kirchenämtern in Eilenburg tätig, hat durch das Auffinden und die Auswertung umfangreichen bis dato unbekannten Quellenmaterials ein Lebensbild des Dichters von „Nun danket alle Gott" gezeichnet, welches in den Jahrzehnten danach kaum eine Bereicherung erfuhr. Der Superintendent und Archidiakon Büchting hat damit nicht nur seinem berühmten Amtsvorgänger ein Denkmal gesetzt, sondern hat sich gleichermaßen als Rinckart-Biograph, Mitautor der bekanntesten Eilenburger Chronik (1923) und Initiator, Gründer (1900) und langjähriger Betreuer des Eilenburger Museums bleibende Verdienste in der Eilenburger Regionalgeschichtsforschung und deren Popularisierung erworben.

Im zweiten Teil des Bandes werden durch den in Eilenburg aufgewachsenen Wahlhamburger, den Musikwissenschaftler Dr. Siegmar Keil (geb. 1932), neueste Erkenntnisse des Einflusses des Komponisten Rinckart auf die deutsche Musikgeschichte erstmalig veröffentlicht. Sie veranschaulichen eindrucksvoll die Lebendigkeit des Werkes dieses vortrefflichen Musikers bis in die jüngste Vergangenheit.

Als Rinckart im Jahre 1586 das Licht der Welt erblickte, war die alte Muldestadt noch die „recht gesegnete Schmalzgrube", wie Luther sie einst kennengelernt und ob ihrer Wohlhabenheit bezeichnet hatte. Es brauten sich aber bereits über dem europäischen Kontinent dunkle unheilverkündende Wolken zusammen, die sich wenig später in den deutschen Landen zur bis dahin gewaltigsten kriegerischen Auseinandersetzung entluden und das Leben des „Katechismus-Vaters" wesentlich prägten. Im Vertrauen auf Gott und in Liebe zu allen Menschen geleitete Rinckart seine leidgeprüfte Gemeinde durch die Drangsale des 30 Jahre währenden Krieges. Viele seiner selbstlosen Taten, in einer Zeit, in der die vier apokalyptischen Reiter in seiner Geburtsstadt reiche Ernte hielten, haben sich tief in das historische Gedächtnis der Eilenburger eingegraben. Vor allem sein Bittgottesdienst zur Bewahrung seiner Gemeinde vor Plünderung und Brandschatzung im Februar 1639 ist noch heute im Bewußtsein der Eilenburger lebendig. Aber besonders ein Werk aus seiner literarischen und musikalischen Hinterlassenschaft hat ihn unvergeßlich werden lassen. Der 1630 entstandene Choral „Nun danket alle Gott" ist fester Bestandteil des lebendigen Liedgutes der gesamten Christenheit und zum bedeutendsten Danklied in der deutschen Geschichte geworden.

Das Gotteshaus, in dem der Archidiakon über drei Jahrzehnte wirkte, sank an seinem Geburtstag 1945 mit der Stadt in Schutt und Asche. Der prachtvolle gotische Altarschrein aus der Georgskapelle und die 1928 wiederentdeckte Gruft erinnern heute noch an den Böttchersohn, der hier als Pfarrer tätig war. In vielfältiger Form wurde und wird sein Erbe in seiner Vaterstadt bewahrt und gepflegt. So führte im Jahre 1961 die Jugendspielschar anläßlich des 990jährigen Kirchenjubiläums und der 1000- Jahr-Feier Eilenburgs ein Rinckart-Spiel, geschrieben von Pfarrer Dr. Gunther Haupt, „Das große Lied vom Dank" in zahlreichen Kirchengemeinden auf.

1992 konnte ein Nachguß einer der alten Gedenktafeln am Westportal der Kirche enthüllt werden.

550 Jahre nach Vollendung des Umbaues der Kirche durch Rinckarts Großvater und 500 Jahre nach Grundsteinlegung des Kirchenturms durch den sächsischen Kurfürsten Friedrich des Weisen wird mit der Sanierung der Kirchturmhaube begonnen.

Das Buch soll ideell als auch materiell dazu beitragen, die Kirche im Herzen der Stadt zu erhalten. Es soll gleichermaßen befördern, dem letzten steinernen Zeugnis, welches in der Rinckart-Stadt Eilenburg an seinen großen Sohn erinnert, seine alte Schönheit und Bedeutung zurückzugeben. Im 410. Geburtsjahr Martin Rinckarts ist es der Kirchengemeinde St. Nikolai gemeinsam mit der Stadt Eilenburg gelungen, durch Eigenkapitalien der Kirchengemeinde und durch Mittel des Kulturraumes Leipziger Land sein Leben und Werk gebührend zu würdigen.

Unser Dank gilt all denjenigen, die zum Gelingen dieses Bandes beigetragen haben. Besonderer Dank gilt dem Fotografen J. M. Pietsch, der dieses Werk initiierte und durch sein fotografisches Können wesentlich bereicherte.

Eilenburg, im Mai 1996

Die Herausgeber:
Evang. Kirchengemeinde St. Nikolai Eilenburg
und
Stadt Eilenburg

Martin Rinckart

Ein Lebensbild des Dichters
von „Nun danket alle Gott"
auf Grund aufgefundener Manuskripte.

von
Dr. phil. W. Büchting
Pastor prim. an
St. Marien zu Eilenburg

INHALT

Einleitung *10*

1. Der Name Rinckarts *18*
2. Das Geschlecht der Rinckart *20*
3. Martin Rinckarts Geburtstag *24*
4. Rinckarts Jugend *27*
5. Schul- und Studienjahre zu Leipzig *30*
6. Rinckart im Mansfeldischen *39*
7. Die Dichterkrönung Rinckarts *46*
8. Das Magisterium *48*
9. Rinckarts Berufung nach Eilenburg *51*
10. Der Archidiakonus Rinckart *55*
11. Leid und Freud im geistlichen Hause *59*
12. Rinckarts Brauhaus *62*
13. Das Exulanten-Jahr 1628 *63*
14. Die Entstehung des Liedes „Nun danket alle Gott" *70*
15. Das Reginenfest *73*
16. Rinckarts Geburts- und Wohnhaus in der Speisergasse *77*
17. Die schweren Kriegsjahre *80*
18. Die Pestzeit *84*
19. Die Hungersnot *87*
20. Die Rettung der Vaterstadt *88*
21. Allerlei Kriegsnöte *91*
22. Das Friedenslied *93*
23. Die Neugründung der Kantorei *96*
24. Rinckarts Prozeß mit dem Rate der Stadt *100*
25. Des Dichters letzte Lebensjahre *104*
26. Rinckarts Nachkommenschaft *108*
27. Die Bedeutung Rinckarts *111*

Anmerkungen *123*

EINLEITUNG

In der Geschichte des deutsch-evangelischen Kirchenliedes hat die Zeit des 30jährigen Krieges die edelsten Blüten der Dichtkunst aufzuweisen. Die innigsten Kreuz- und Trostlieder entstanden unter dem Drucke des Elends. Die Herzen sammelten sich wieder zur Andacht in Gott, und die hl. Schrift, namentlich der Psalter, lieferte Muster und Vorbild für die Dichter. In der Reihe jener frommen Männer, welche inmitten herrschender Zügellosigkeit und Sittenverderbnis ihrer Tage köstliche Perlen von Schriftenliedern lieferten, steht auch Martin Rinckart, der Dichter des Liedes „Nun danket alle Gott". Leider ist das geschichtliche Lebensbild dieses Dichters bis jetzt zum Teil unvollständig, zum Teil sogar entstellt geblieben. Und doch birgt gerade das Leben Rinckarts ein bedeutendes Stück Kulturgeschichte in sich, und seine Glaubensgestalt eröffnet erst das Verständnis für die Entstehung jenes herrlichen Liedes. Eine wissenschaftliche Forschung über das Leben Rinckarts begann erst seit der ersten Hälfte des 19. Jahrhunderts. Es war der Leipziger Professor Louis Plato, der im Jahre 1830 die erste ausführliche Biographie Rinckarts veröffentlichte[1]. Seine Schrift ist später von Linke, wie Graubner, als „im Tone mehr eines kühnen Fabeldichters als eines zuverlässigen Historikers" geschrieben, bezeichnet worden. Doch unterschätzte eine derartige Kritik, daß Plato bei dem Zustande der damaligen Bibliotheken nicht ein einziges Werk Rinckarts hatte auffinden können, daß ihm noch nicht die Wege öffentlichen Aufrufs, wie sie die spätere Biographie benutzen konnte, zur Verfügung standen, und daß er sich bei seinen Informationen hauptsächlich auf die Handschrift Eltestes, weiland Archidiakonus und Superintendenten zu Eilenburg, stützte[2]. Diese Aufzeichnung hatte zunächst das Recht unbedingter Glaubwürdigkeit für sich. Erst neuerdings hat sich die Unzuverlässigkeit ihrer Angaben herausgestellt, nicht ohne daß die von Plato ohne weiteres veröffentlichen Nachrichten in die meisten biographischen Sammelwerke übergegangen sind und sich darin bis heute erhalten haben. Auch die von Daniel Vörkel, weiland Archidiakonus zu Eilenburg, im Jahre 1857 herausgegebene Schrift über Rinckart[3] führte keinerlei wesentliche Bereicherung des geschichtlichen Lebensbildes herbei. Besonders trifft auch diese Schrift der Vorwurf vollkommener Anlehnung an das damals in Vörkels Privatbesitz befindliche Manuskript Eltestes. Dagegen brachte die 300jährige Geburtstagsfeier Rinckarts im Jahre 1886 eine wissenschaftlich hochbedeutsame Darstellung des Lebens und der Werke des Dichters von „Nun danket alle Gott" aus der Hand des Hymnologen D. Linke[4]. Die Forschungen, welche dieser Veröffentlichung zu Grunde liegen, haben sich in der dargebotenen Bibliographie über die Dichtungen Rinckarts ein dauerndes Resultat gesichert, indessen wird sich die von Linke gegebene Biographie des Dichters in Zukunft kaum mehr haltbar erweisen. Schon die als Dissertation 1887 erschienene Rinckart-Biographie Graubners[5] zeitigte durch erstmalige Benutzung lokaler Akten verschiedene neue Ergebnisse. Aus Anlaß des 250jährigen Todestages Rinckarts (9. Dezember 1899) entstand meine eigene kleine Festschrift[6]. Sie war der Versuch, der deutsch-evangelischen Christenheit das so wenig bekannte Lebensbild des Dichters von „Nun danket alle Gott" zum ersten Male in **volkstümlicher** Bearbeitung darzubieten. Bereits bei den Vorarbeiten zu genanntem Büchlein stieß ich bei Durchsicht des lokalen Materials auf mancherlei Ergebnisse, welche den bisherigen Biographen entgangen waren. Die Benutzung sowohl der Kirchbücher von St. Nikolai, als auch des Ephoralarchivs führte zu neuen Gesichtspunkten. Besonders wertvoll wurde das Studium der umfangreichen Akten der hiesigen Kantorei-Gesellschaft. Doch auch auswärtiges Material bot sich der Forschung dar. So ergaben die erst vor einigen Jahren auf der Zwickauer Ratsschulbibliothek wieder aufgefundenen Briefe des weiland M. Johannes Fiedler zu Mügeln, an den derzeitigen Rektor Daum zu Zwickau, an mehreren Stellen vollkommen neue Beiträge zur Beurteilung Rinckarts. Weitere Nachforschungen zu Eisleben führten zu einer Bereicherung der Darstellung von Rinckarts Lebensaufenthalt im Mansfeldischen. Eine Durcharbeitung der eigenen Werke Rinckarts lieferte manche bisher von der Biographie übersehene geschichtliche Tatsache. Indessen eröffnete sich eine Quelle unschätzbaren Materials durch Auffindung eigener, bisher völlig unbekannter Handschriften Rinckarts. Bei der Suche nach verlorenen Werken unseres Dichters fand sich nämlich in der Familie Gräfe zu Halle ein von Geschlecht zu Geschlecht sorgsam gehüteter Familienschatz vor, welcher geeignet ist, die bisherige Biographie in nie geahnter Weise zu berichtigen und zu ergänzen und somit vollkommen abzuschließen. In einem Pappdeckel ist eine Reihe von Handschriften zusammengeheftet. Die äußere Aufschrift lautet: „M. Martini Rinckarti Ileburg. vitam, progeniem et collectanea varia continens fasciculus." Die inliegenden Papiere stellen zum großen Teil verschiedene von Martin Rinckarts Hand herrührende Schriftstücke dar, welche er selbst bezeichnet als: „Memoriale oder Verzeichnis, was etwa meiner Geburt, Jugend, irgend Studirens, Christentumbs, Lebens und Ampts, auch Glück und Unglück Verordnung halber merk und denkwürdig, mir und den meinen zur Erinnerung und allerhand Nachrichtung aufgesetzet".

Im einzelnen birgt sodann dies „Verzeichnis":
1. Rinckarts kurzen Lebenslauf in 4 lateinischen Distichen. Der Wortlaut ist folgender:

„Curriculi summa brevissima:
Mens juvit vitam, vitae melioris amaspin
Per duo lustra mihi Lipsia clara dedit
Inclyta Lutheri, juvenemque virumque sarepta
Fovit septem annis, officiisque tribus.
Tandem, ubi Saxo Pater sua jubila prima dicavit,
Ad sacra me revocat patria clara domum.
Hic, per tot Martis mortisque pericula, vitam
Et patriam exspecto, Christe, Homo Jhova, tuam.
    Meus Redemptor Emanuel.
    Martinus Rinckhart Eilenbergensis."

Als Abfassungszeit dieses Lebenslaufes ergibt sich nach der in den folgenden Papieren niedergeschriebenen Zahl das Jahr 1645.
2. Unmittelbar auf den kurzen Lebenslauf folgt die von Rinckart für sich selbst verfertigte „Leichenschrift" nebst Angabe und Auslegung seines „Leichentextes". Wir werden hierauf später zurückzukommen haben.
3. Ein sehr wertvolles Dokument ist das in 40 lateinischen Distichen verfaßte: „itineraium vitae". Wertvoll ist dasselbe besonders da-

Itinerarium vitae meae
cum exercitui, tum memoriae ergo versiculis sequentibus inclusum.
Primum distichon est numerale (1586)

		anno et die aetatis	
Anno Christi natus 1586. Dominica Jubilate 24. Apr.	IVbILa Me genV LVX, at VoX e IVgILo ? fLeVIt SIC breVIs hora VICes eXCIIt Ipsa sVas.	1. Tag.	erste Stimme; am Tage Jubilate.
25. Aprilis. Montags. 1590.	Nec mora ter sacri baptismatis abluor unda, Ne ferat aeternum noxia noxa necem. Hinc, ubi transierant vix primi tempora lustri, Damnabar studiis cum pietate bonis.	25. Aprilis Anno 5.)(7.	
1595.	Quae, quamvis dextro laesus pede multa moratus, Pectore non segni per duo lustra sequor.	10.	Nahm Schaden an dem Bein, etwa 7 Jahre alt.
1595.	Tum puer hic avidus pendeus ex ore Phemelii	14.	M. Wolfg. Phemel Rektor damals scholae.
1601.	Transibam ad Philyres, post tria lustra scholam.	15.	
	Hic mihi plus septem Lipsensis Apollo per annos Thomanas artes praebuit atque dapes.	16.	Kahm gen Leipzig, rectore M. Jacobo Lassmanno.
1608.	Praebuit et largâ sua larga stipendia dextrâ Adjecitque suum patria clara meros.	21. 23.	Schulstipendium; stipendium medici cujusdam Austriaci Hameri civitatis Styriae.
1609.	Jamque sequens annus mihi bis duodenus honores Pieridum primos, laurea serta, tulit.	24.	baccalaureus.
1610.	Cum procul Islebii me palpita sacra vocabant, Pressa semel nudo est fertilis uva pede.	25.	Vacatio in officium Cantoris Isleb.
1611.	Vix iterum pressâ demensis cursibus anni Vertitur in melius conditionis opus.	25.	Ins Ministerum: Diaconat.
1611.	*(Iam nunc devici cunctos Mavortios hostes Et tua parta mihi, Christe, corona datur. Sic equidem ducebam animo rebarque futurum, Sed deus in melius vertit et illud opus.)	25.	* Sic credebam morbo periculoso vicinus. Esto itaque claustula.

1612.	Optatosque mihi thalamos taedasque paravit: Donacit Christus te mihi meque tibi.	26.	13. Sept. Christine Morgenstern.
1613.	Donavitque locum venerando e fonte dicatum, Dans ibi divinus jussa perenne sacris.	27.	Pastorat zu Ehr dem Born und Lüttichendorf 2. November 1613.
eodem	Nec non vix bis sex emensis rite diebus Me laeta proles fecit honorque patrem.	27.	21. Dezember; zur Nacht um 1 Uhr.
	Quam rursus Christi venerando e fonte dicavi Nomine deque meo nomen habere dedi.	28.	Martin Rinckhart mein erstgeborener Sohn.
1615.	Hic posuit Daphne mihi laurea serta camoena, IÖPNERE, officii nobilitate tui.	29.	Laurea poetica.
1616.	Inde Magisterii decus addidit inclyta Lipsis, Hammero sumptus contribuente suos.	30.	Magisterium.
1617.	Excit Evangelii tuba jubila laeta Lutheri, E Patria in Patriam me redeunte meam.	31.	Vocatio in patriam anno jubilaeo.
1618.	Clangit Evangelii tuba, sed fremit Orbis et Orcus, Papa in Bohemos Christicolasque furit.	32.	bellum bohemicum.
1619.	Hic quoque fata simul me prospera et aspera tangunt: Prospera: dum gnatam donat Jhova mihi. Aspera; dein Gnatam et Gnatum simul eripit, at haec Communis nobis aspera ad astra via est.	33.	Christina Rinckhardt mein Töchterlein, geb. zu Eilenburg 2. März, gestorben 26. August Martinus Rinckartus meritur 7 Jsleb. 29. Aug. a. 1619.
1620.	Aspera nempe via est. Metuenda clade Bohemi Caesaris et Bavari procubuere manus.	34.	Kaiserl. Sieg in Böhmen.
1621.	Styx coquit et recoquit falsas impune monetas. Prole nova Christus me Samuele beat,	35.	Falschmünzer-Wesen.
1622.	Ingredior sextum tristi discrimine lustrum: Tempora plena malis, tempora plena dolis!	36.	Mein Samuelich, geb. 15. Mai Abds. zw. 10 u. 11 am Dienstag vor Pfingsten.
1623.	Bis tria fortunae superavi tela sinistrae, Septima nec domui damna dedere meae. Inter at haec vero mihi Nomine reque redonat Annam-Dorotheam, dulcia Dona Deus.	37.	Meine Anna Dorothea geb. 24. Aug. Aug. am Tage Barthol. vor 11 Uhr Mitt. get. 25. Selig widerumverstorben anno 24. d. 12. Aug. um 6 Uhr

1624.	Culcia Dona Deus dederat, sed ea orcus ademit, Aegrotoque meo me Samuele probat.	38.	Mein Samuelich wird krank *dysentria* 4. Aug.
1625.	Quo me pricarat Dominus Samuele redonat, Mi Salomen addit pignora quinta loci.	39.	Meine Salome, geb. 12. Sept. früh 7 unter dem Einläuten, get. folgenden Mittwoch, den 14. September.
1626. 27 et 28.	Post obitum clarae matris fratrisque miselli Compensat tristes Anna Sophia vices.	40/41.	Meine Anna Sophia geb. ao. 1628 am 8. Sonntag *Trinitatis*, war der 3. *Augusti*, Abends eine Viertelstunde vor 11 Uhr und folgenden Dienstag getauft.
1629. 30. 31. 32. 33.	Quinque per autumnos tristes, per bella, per hostes Ter celebro in medis jubila laeta malis. Hic belli et pestis late contagia serpunt Asperat et tristes Anna Sophia vices.	43. 45. 47.	
1634.	Conjugi hic Satanas tranquillo retia ponit! Et patriae! at Christi retia rupta manu.	48.	Anna Sophia † 17. Oktober 47.
1635.	Hic pacem patriae promittit Olympus; at eheu! Multis sub duri conditione jugi.		† 8. Mai Friedensaufblick ao. 1635 um Pfingsten.
1636.	Denique fert morbum mihi quinquagesimus annus Fatalem: vincunt fata secunda malum.		
1637.	Hinc bellum! et pestem! et famem! tria pessima nobis Designat numerus terque quaterque malus.		1. Die Schweden. 2. Die Pest. 3. Der Hunger, 4. Mein Witwenstand am 8. Mai. am 9. September meine Regina geboren.
1638.	Semina pro tecto lacrimarum sparsimus anno, Laetitiae messem Scheffleriana parat.		
1639.	Reginae festum regalia munera ponit, Quae tibi, rex regum, Christe homodux, dedico.		
1640.	Spem ruris bonae fert quadragesimus annus, Pacis; pax frustra est; haud rata signa bonae.		
1641.	Sunt inimica mihi Scorpi res atque Saturni. Vim fati Jesus vincit utramque micans.		

durch, daß die an den Rand der Verse gesetzten Rubriken in Zahlen, wie in kommentarischen Bemerkungen uns das gesamte Lebensbild des Dichters vollkommen klar zum ersten Male erkennen lassen. Ich kann es mir deshalb nicht versagen, den Text an dieser Stelle dem Drucke zu übergeben, zumal sich derselbe bei unserer späteren geschichtlichen Darstellung des Lebens von Rinckart als Leitfaden erweisen wird: S. Tabelle „Itenariuvitae meae ..." S. 12-14

4. Nach dem itineraium folgt Rinckarts „Lebens und Sterbensbericht", mir und den meinigen – wie es einleitend heißt – um unterschiedener Sterbens- und Kriegsgefahr theils vor vielen Jahren, als Ao. 1611, 1625 theils 1631, 32 und 33, 1637 und itzo (d. i. 1645) folgendes wissentlich und bedächtig zum letzten Glaubens Verständniß gestaltet und aufgesetzet". Der Bericht enthält eine summarische Lebensbetrachtung mit einer sich daran schließenden Chronologie der einzelnen Lebensjahre 1586-1645.

5. Rinckarts „annales Mansfeldici" bringen eine Chronologie der Jahre 1611-1617, ebenso

6. seine „annales Eilenbergici" eine solche der Jahre 1617-1640.

7. „Memorabilia von Eilenburg" enthalten eine dritte Reihe von Angaben aus der Zeit 1605-1640.

8. Ein ausführliches Manuskript liefert „der Eilenbergischen Markgrafen Gedenk-Ring" von Martin Rinckart.

9. „Novantiqua Eilenbergica" erweisen sich als Grundschrift der inzwischen verloren gegangenen Turmeinlage Rinckarts vom Jahre 1628.

10. „Memorabilia von Meißnischen Städten", sowie Auszüge „aus der Meißnischen Chronika" deuten auf geschichtliche Studien Rinckarts hin.

11. Ebenso eine lateinische Abhandlung: „Origo Academiae Lipsiensis."

12. „Eilenbergische Gedenk-Ringes-Andachtsgedichte" enthalten einige noch unbekannte Gedichte Rinckarts.

13. Wenige nicht betitelte Papiere lassen sich als Vorarbeit zu den „Katechismuswohltaten" erkennen.

14. Eine „Stammtafel" der Rinckartschen und Morgensternschen Familien beschließt die Anzahl dieser hochinteressanten Dokumente aus der Hand des Dichters von „Nun danket alle Gott".

Diesen aufgezählten Handschriften liegen ferner folgende Papiere aus der Hand anderweitiger Autoren bei:

1. „Eilenburgischer Vermerk durch Georg Peyern, Geleitsmann zu Eilenburg 1528-58", mit einem Nachtrage Martin Rinckarts.

2. „Historische Beschreibung des Schlosses, der Stadt und der alten Amtsschaften Eilenburgs und Dübens von Andreas Toppius, Pfarrer in Wenigen Tenstedt Ao. MDCLXXII".

3. Samuel Rinckarts (des Dichters Sohn) „eigenhändig geschriebener Lebenslauf".

4. Gräfesche und Siegelsche Familiennachrichten.

Rechtliche Besitzerin und Hüterin der Papiere ist Fräulein Agnes Gräfe zu Halle. Mit gütiger Erlaubnis derselben durfte Verfasser die für ihn nötige Einsicht nehmen, welche zur Gewinnung der hierselbst wiedergegebenen Resultate führte.

Mit Ausnahme des oben erwähnten Manuskriptes zu den „Katechismuswohltaten" ist keine einzige der gesamten aufgezählten Schriften bis jetzt zur öffentlichen Kenntnis gelangt. Offenbar aber sind sie zum größten Teil diejenigen Aufzeichnungen, welche im Jahre 1696 der Eilenburger Chronist Simon benutzte[8]. Er sagt in der Vorrede seines Werkes: „Wie uns denn sonderlich sehr gute Anleitung an die Hand gegeben sowohl der alte selige Herr M. Martinus Rinckart, in die 32 Jahre lang fleißig gewesener Archi-Diaconus allhier … als auch dessen Sohn Herr M. Samuel Rinckard, treufleißig gewesener Pfarrer zu Weltewitz … Als welch letztere aus vielen Verzeichnissen wohlgedachten seines Herrn Vaters und anderen des Chursächsischen Schlosses und der Stadt Eilenburg Gedenk-Ring mit allem Fleiß aufgesetzet und schriftlich hinterlassen; desgleichen auch Herr Andreas Toppius, Pfarrer zu Klein-Dänstädt.

… Also hat er gleichermaßen auch Anno 1671 eine kleine historische Beschreibung des Schlosses, der Stadt und der alten Grafschaft entworfen. … Aus deren … Schriften ich, wie ich gerne gestehe, sehr viel herausgezogen und zu meinem Vorhaben angewendet".

Nun befindet sich im Simonschen Werke ein carmen gratulatorium vom Weltewitzer Pfarrer M. Joh. Rudolf Gräfe, dem Schwiegersohne von Samuel Rinckart, „ seinem hochgeehrten Herrn Nachbar bei Ausfertigung der Eilenburgischen Chronika zu Ehren" geschrieben. So wird klar, daß Simon die erwähnten Aufzeichnungen aus der Pfarre zu Weltewitz, wo sie als Familienschatz lagerten, entlieh. Dies wird uns bestätigt durch folgende einschlägige Notiz in Dietmanns[9] „Chursächsischen Priesterschaft". Hier heißt es bei der Biographie Samuel Rinckarts: „Es sind auch noch allerhand Nachrichten von ihm auf der Pfarre zu Weltewitz anzutreffen, welche die Eilenburgische und andere Geschichten betreffen, und aus welchen zu ersehen, vermöge der mir bescheenen Benachrichtigung von Herrn Pastor S.(imon), welcher die Rinckartschen Papiere zu sehen Gelegenheit gehabt, daß er die besten Skribenten fleißig gelesen und gebraucht habe … Außerdem ist gewiß, daß er zu Simons Eilenburgischen Chronika das meiste beigetragen, teils aus seines seligen Vaters, teils aus seinen eigenen gesammelten Handschriften".

Prüfen wir ferner die Simonsche Chronik nach ihrem Inhalt, so findet sich verschiedentlich eine fast wörtliche Übereinstimmung ihres Textes mit demjenigen der aufgefundenen Papiere. Ja, die bei Simon verwandten Stellen sind in den Handschriften mit einem, offenbar vom Chronisten herrührenden, „N. B." versehen. Da Simon für seine Zwecke nur die in den Rinckartschen Dokumenten enthaltenen allgemeinen Aufzeichnungen herauszog, so kamen die über das Leben Martin Rinckarts aufklärenden Momente nicht mit an die Öffentlichkeit und blieben so den bisherigen Biographen verborgen. Es ist dies um so eher erklärlich, als man von Seiten der Biographen bisher stets in der Anschauung lebte, die gesamten Schriften Rinckarts seien bei dem Pfarrhausbrande zu Weltewitz verbrannt. Diese Annahme trifft nur noch für die Bibliothek Rinckarts zu, während, wie wir sahen, die Familienschriften erhalten blieben. Sie vererbten sich weiter in der Familie Gräfe, welche in ihrer Descendenz einschließlich des im Jahre 1882 verstorbenen Pastors K. R. Gräfe ein Theologengeschlecht war. Es läßt sich der Nachweis liefern, daß die kleineren Biographien von Plato und Vörckel nicht zur Kenntnis der Gräfeschen Pastorenfamilie gedrungen sind. Auch waren Glieder der letzteren nicht selbst schriftstellerisch tätig. Als im Jahre 1886 der 300jährige Geburtstag Martin Rinckarts allgemein in Deutschland gefeiert wurde, ruhte der letzte Pfarrer aus dem Gräfeschen Geschlechte bereits im Grabe, und der Familienschatz war in die Hände der jüngsten Tochter, Agnes Gräfe, übergegangen. Nur so konnte es geschehen, daß die Handschriften Rinckarts weit über 200 Jahre der wissenschaftlichen Forschung entzogen blieben, und daß das geschichtliche Lebensbild des so bedeutsamen Mannes bis jetzt an Unvollkommenheiten zu leiden hatte. Eine vollständige Veröffentlichung verschiedener aufgefundener Papiere, besonders des „Eilenbergischen Markgrafen Gedenkringes", des Lebenslaufes von Samuel Rinckart u.a.m., wäre sehr wünschenswert, würde aber über den Rahmen vorliegender Arbeit weit hinaus gehen. Mögen indessen die von mir benutzten Angaben dazu beitragen, das bisherige Dunkel in der Biographie endgültig aufzuhellen und zu beseitigen.

I. DER NAME RINCKARTS

Ehe wir dazu übergehen können, eine biographische Darbietung nach den von uns gewonnenen Gesichtspunkten zu geben, müssen wir zuvor die Frage nach der Schreibweise des Namens Rinckart berücksichtigen. Denn nicht nur in den Biographien, sondern auch in den gebräuchlichsten Gesangbüchern findet sich eine Variation im Gebrauche der Namensform. Linke meinte eine gewisse Stetigkeit in der Schreibweise des Namens bei Rinckart selbst für die einzelnen Perioden seines Lebens zu finden: „Überall, wo der Name latinisiert auftritt steht d, dagegen t, wenn er deutsch geschrieben". Und „Von Anfang seiner literarischen Tätigkeit an bis 1625 behält er das h im Namen, welches von da an, bis zum Lebensende verschwindet. Also in der ersten Periode Rinckhardus und Rinckhart, nie Rinckhartus". Ich glaube nicht, daß sich diese Behauptung aufrecht erhalten läßt. So findet sich z. B. das d auch da im Namen vor, wo er deutsch geschrieben ist, und t auch da, wo er latinisiert auftritt, und zwar beides weit über das Jahr 1625 hinaus. Noch 1648 bringt das Trauergedicht auf Dehne den Namen in der Form R i n c k a r d, und im güldenem Wanderstab 1628 wird die Autorschaft angegeben von „Martino Rinckharto Misnico". Ebenso findet sich das h in der Schreibform des Namens bis in das hohe Lebensalter Rinckarts hinein. In der summa brevissima curriculi v. J. 1645 bezeichnet sich der Dichter als „Martinus Rinckhart Eilenbergensis". Auch sein Petschaft trug die Namensform: Rinckhart. Von bestimmten Perioden einer Namenschreibung zu jener Zeit wird man überhaupt nicht reden können. Es war damaliger Gebrauch, die Namensform in möglichster Abwechslung anzuwenden. Namentlich Rinckart liebte es vielfach, poetische Versionen anzuwenden. Im „Deutschen Rittersmann" dichtet er:

„Ring' hart und feste, liebe Seel',
Du hast bald überstanden,
Dein Jesus, Dein Immanuel
Als Bräut'gam ist vorhanden –"

Im „Priester-Gedenck-Ring" charakterisiert er sich:
„Der Rinck'Art seinen Rinck getrost und unverdrossen
Hat viermal siebenmal, doch gänzlich nie beschlossen."

In der für sich verfaßten „Leichenschrift" singt er:
„Mein Heiland, Ringel rund ohn' Anfang und ohn' Ende,
Nahm in der Taufe mich in seine Gnadenhände
Und kannt und nannte mich vom Ring und Rinckes Art."

In den Akten der Kantorei-Gesellschaft zu Eilenburg finden sich noch die Namenszüge von Thomas Rinckart, Martins Onkel, sowie von Bernhard R., Martins Bruder, ferner in den aufgefundenen Papieren diejenige von Samuel R., Martins Sohne, vor. Stellen wir diese Schreibweisen mit den von Martin gebrauchten zusammen, so ergeben sich als die von der Familie selbst angewandten Formen folgende:

1. R i n c k a r d : (Martin) im Kirchenbuch von St. Annen 1611, in Flemmings Stammbuch 1632, Friedensliedern 1635, Elogium auf

Andreae 1635, Akrostichon auf Christine 1638, Brautmesse 1642, Prozeßakten 1644-47, Handschriften 1641-45, Trauergedicht auf Dehne 1648.

2. R i n c k a r t : (Martin) in Zirkulus 1627, Turmknopfinschrift 1628, Lokal Gedenk-Ring 1628, Deboralied 1630, Tränensaat 1637, Πολιτευμα 1635, Wechselwahl 1637, Salomons Prediger 1637, Drucker Gedenk Ring 1640, Vorrede zur Brautmesse 1642, Leichengedicht auf Höpner 1642, Elogium auf Peck 1644, Diskurs 1645, Katechismuswohltaten 1645, Moyses 1647, Herzbüchlein 1636 und 63, Eintragungen im Kirchenbuch zu Eilenburg, Kantoreiakten und Handschriften; (Thomas) in Kantoreiakten; (Samuel) in Handschriften, Güntherodischer Himmelspforte.

3. R i n c k h a r d : (Martin) in Anstellungsgesuchen 1610, Briefen an Ritter 1611, Seelenrezept 1616, Magnalien 1615, Kirchenbuch zu Erdeborn 1616, Epizedion auf Gaubisch 1616, rest gestae 1616, Epizedion auf Bornhausen 1617, Indulgentiarius 1618, Triumphi 1619, Vulcanus Academicus 1616, Leichenrede auf Georg Leyser 1621, schola crucis 1623, Monetarius 1625, Leichenrede auf Lukas Leyswer 1635.

4. R i n c k h a r t : (Martin) im Kirchenbuch von St. Annen 1611, Kirchenbuch von Erdeborn 1614, Eislebischem Ritter 1617, in Handschriften.

5. R i n c k h a r d t : (Martin) in Kirchenrechnungen von Erdeborn 1614, de summo bono 1617; (Bernhard) in Kantoreiakten.

6. R i n g e h a r t ; (Martin) im Güldenen Wanderstab 1628.

Hiernach erscheint uns die von den Biographen oft gebrauchte Schreibweise des Namens in der Form „Rinkart" für fernerhin unhaltbar. Vielmehr glauben wir der vom Dichter selbst am meisten angewandten und auch von seinem Sohne Samuel ausschließlich gewählten Schreibform „Rinckart" den alleinigen Vorzug geben zu müssen.

2. DAS GESCHLECHT DER RINCKART

war sehr alt. Man wußte dies bisher aus der Tatsache, daß der Chronist Simon dasselbe bereits um das Jahr 1500 erwähnte. Auch hatte sich der Dichter in der i. J. 1833 im Knopfe des Stadtkirchturms vorgefundenen Einlage als „ex genere perantriquo Ileburgensi" stammend bezeichet. Im übrigen versagte jede weitere Kenntnis. Die kirchlichen Register, auf welche sich die Forschung vor allem hätte stützen können, beginnen erst mit dem Jahre 1548, und nur sporadisch treten in ihnen noch einige Glieder des Rinckartschen Geschlechtes aus älterer Zeit hervor. So kam es, daß sich für die Biographen ein weites Gebiet phantasievoller Kombinationen eröffnete. Die dadurch entstandene Verwirrung lösen die aufgefundenen Papiere mit Leichtigkeit, denn Rinckart bringt uns in der Stammtafel eine genaue Übersicht seines Geschlechts. Bei Verfolgung der direkten Nachkommenschaft bietet er vielfach sogar eine sehr eingehende Charakteristik der betreffenden Persönlichkeiten dar. Nach der vorgefundenen Genealogie waren die Rinckarte ein „wohl über anderthalb hundert Jahre zu Eilenburg, Delitzsch und Dieben wohlbekanntes Geschlecht".

Der Begründer der Eilenburger Familie war Johannes R. Er wird in der Stammtafel bezeichnet als „Bernhards Vater, Georgs Großvater, geb. ums Jahr 1460: der Eilenburgische Schulfreund und Kirchenvater; der 1514 die Männer-Stühle im Chor und bald darauf auch die Schule erbauet. Nach Jairi Exempel (Marc 5, 22) gestorben 1530". Nach Simon war er „beim Rathe Baumeister" und „Schöppe 1502 – 1504". Nach alledem muß dieser Johannes eine gewichtige Persönlichkeit gewesen sein.

Da er zur Zeit der Reformation noch lebte, so wird er als Ratsherr Luther am fer. III. p. Martini 1520 in Eilenburg feierlich begrüßt und das Werk evangelischen Glaubens mit eingeführt haben. Er hinterließ 2 Söhne: Hieronymus und Bernhard. Ersterer, welcher seinen Taufnamen noch aus der katholischen Zeit her trug, wurde später „Bürger und Fleischhalter" zu Eilenburg. „Er war ein guter Bogenschütze und 3mal Schützen-König. Ao 1521, 1527 und 1534. Gott helfe, daß Sein Boge nie gefählet des Rechten Ziels, darnach St. Paulus gestrebt (Phil 3, 14)". Auch seine Ehefrau wird uns genannt: „Margarethe Müller, das ehrliche Mütterlein von Querfurt. Ihre Hochzeit war Ao. 1531, 4. Sept.". Beide starben nach 30jähriger Ehe kurz hintereinander ohne Nachkommenschaft.

Der zweite Sohn des Ratsbaumeisters Johannes Rinckart führte den Namen Bernhard. Mit ihm beschäftigt sich die Stammtafel ziemlich eingehend. Er war es, der als Nachfolger seines Vaters im Amte eines Ratsbauherrn die großen Bauten zu Eilenburg ausführte, welche schon Simon erwähnte. Das neue Rathaus und die neue Stadtkirche 1545, das Diakonatsgebäude 1557, die steinerne Brücke vor dem Torgischen Tore und der Torgische Turm 1558 entstanden unter seiner Amtstätigkeit. Er war ein Mann von seltener Rüste und Kraft bis ins hohe Alter hinein. „Gott hat ihn" – so schreibt sein Enkel – „reichlich gesegnet an seligmachender Erkenntniß seines Wortes und Willens, daß er die Tiefe der Pabst Greul zeitlich erkennen und die feisten Mastschweine und Antoniusmönche eifrig helfen austreiben Ao. 1522, daß er Luthern 3 mahl allhier persönlich gehöret und gesehen a. 1521, 1536, 1545, daß er die ersten 4 Superintendenten gehöret und erlebet und unter den ersten dreien mit dem ersten Weibe 17 mahl hat teuffen lassen, 10 Söhne und 7 Töchter, daß er die meisten durch Gottes Gnade erzogen und ausgestattet". Die starke Familie trug ihm den Beinamen des „Kinderreichen" ein, und zwar, weil er nicht nur „von seinem ersten Weibe 17 Kinder", sondern auch, von seiner Tochter Elisabeth, verehelichten Felgnerin, 14 Enkelkinder und von Maria, verehelichten Gerstenberg, 17 Enkelkinder" besaß. „Kinderzeugen und Stadtbessern macht ein ewig Gedächtniß" – schließt unter Hinweis auf Sir 40, 19 die Charakteristik der Stammtafel. Er war zweimal, nicht dreimal, wie die Biographen Linke und Graubner annahmen, verheiratet. Die erste Ehefrau, welche ihn mit so reichen Kindersegen beschenkte, war eine „Gertraud Hesse, Bürgermeisters Tochter aus Delitzsch". Nachdem ihm dieselbe i. J. 1575 verstorben, heiratete Bernhard noch einmal als Greis von 83 Jahren eine Schneiderswitwe, Frau Euphemia Zachariä. Hochbetagt, über 85 Jahre alt, wurde er unter großen Ehrenbezeugungen zu Grabe getragen.

Eine Anzahl der Söhne dieses Ratskämmerers werden unter folgender Zusammenstellung aufgeführt: „die ältesten und meisten seiner (Bernhards) Kinder sind fortgekommen durch Musika und Schreibfedern, zumal Simon, Matthäus, Johannes. Simon wurde allhier Gerichtsschreiber, Martin Stadtrichter ums Jahr 1554. Das ist der Martin, der an Kaiser Rudolfs Hof kam und ein Schreiber ward; dessen Tochter Katharina kriegte einen Kaiserlichen Hofrat. Dessen (Martins) Sohn Martinus ward hernach Stadtrichter zu Caden und erlangte bei Kaiser Rudolphen in persönlicher Gesandtschaft den Majestäts-Brief, kam dabei mit den Jesuiten in gefährliche Kundschaft, stürzte aber bald darauf auf solcher gefährlichen Reise mit einem Pferde. – Johannes, der jüngste Sohn (Bernhards), ward erst Schreiber zu Hohen-Prießnitz, dann Schösser in Schlesien, dann Advokat in Prag am K. Hofe. Matthäus, ein Riemschneider, bekam durch seine schöne Stimme und weiße Haut eine reiche Gerberin zu Eisleben. Bernhard, Thomas und die anderen, die zu Hause blieben bei ihres Vaters Handwerk, erlangten durch die Musika allerhand Kundschaft und Freundschaft".

Diese Angaben der Stammtafel finden noch heute in vielen Punkten durch die Kirchenbücher und andere Akten ihre Bestätigung.

Wertvoll ist die Aufklärung, welche wir über Bernhard Rinckart junior erhalten. Da

Stadttkirche und Rathaus zu Eilenburg, erbaut 1545

sich dessen verwandtschaftliches Verhältnis zu Bernhard senior auf Grund der Eilenburger Kirchenregister nicht mehr bestimmen ließ, ist er in den Biographien bisher eine vielumstrittene Persönlichkeit gewesen. Wir wissen nun, daß er gleich seinem Vater, Bernhard sen., die Stelle eines Ratsbaumeisters bekleidete. Die Errichtung des Predigerstuhles in der Kirche 1569, sowie die Reparaturen der durch Wassersturm entstandenen Beschädigungen in der Stadt 1573 wurden durch ihn ausgeführt.

Auch Thomas R., dem Alter nach der 5. Sohn Bernhard sen., konnte bisher von der Biographie nicht recht in die Rinckartsche Genealogie eingegliedert werden. Nach den Kantorei-Akten zählte er zu den Sängern der Gesellschaft, in deren Mitgliederverzeichnis er sich eigenhändig eingetragen hat. Seines Standes war er Böttcher.

Zu den bisher aufgezählten Söhnen des „Kinderreichen" Bernhard R. treten nun ferner Georg, Christoph und Hieronymus. Von ihnen wurde Georg der Vater unseres Dichters.

Da es uns wahrscheinlich erscheint, daß dieser weitverzweigte Stamm der Bernhard Rinckartschen Familie in der weiblichen Descendenz sich erhalten hat, während er im Mannesstamm bald ausstarb, sei in Kürze auch der weiblichen Linie Erwähnung getan. Zwei Töchter Bernhards sind aus der bisherigen Biographie bekannt: Anna, welche 1554 einen Joachim Maßbach heiratet, und Gertrud, welche sich mit dem Pfarrer Reiche zu Doberschütz vermählte. Über diese Gertrud verzeichnet die Stammtafel ausdrücklich, daß sie über „eine schöne Stimme" verfügte, welche sie ihrem Ehemanne als Rinckartsches Erbteil mit in die Ehe brachte.

Die übrigen Töchter Bernhards, welche sämtlich in deren Stammbaum namentlich angeführt werden, hießen Maria, Esther, Barbara, Margarethe und Elisabeth. Auch ihre Verheiratungen finden sich in den Kirchenbüchern notiert. Es vermählte sich nämlich am 18. November 1548 Maria R. mit einem Veit Gerstenberger. Aus dieser Ehe gingen, wie schon oben erwähnt, 14 Kinder hervor. Ferner heiratete am 21. April 1560 Esther R. einen Matthäus Götzschke aus Bitterfeld, am 13. August 1564 Barbara R. einen Hans Kemnitz und am 13. April 1571 Margarethe R. einen Barthol Naumann. Die älteste Tochter, Elisabeth, wurde zu Delitzsch am 23. Oktober 1553 mit einem dortigen Bürger Görge Felgener kopuliert. Ihre Ehe war ebenfalls reichlich durch Nachkommenschaft gesegnet, indem ihr 17 Kinder entsprossen.

Doch nun zu Georg R., dem Vater unseres Martin. Wir sind gewohnt, bei Männern, die für die Nachwelt Unsterbliches geschaffen, nach den Eltern zu fragen, welche den Helden des Geistes das Leben gaben. Noch Linke meinte: „Wunderlicher Weise gedenkt sein berühmter Sohn seines treuen Vaters nur an wenigen Punkten". So wenig wußte man bisher von Rinckarts Vater. Desto größere Aufklärung bieten uns die aufgefundenen Papiere. „Mein Vater war der Erbare und wohlbenahmte Georg Rinckardt, Bürger und Böttiger allhier, ein Mann von alter Treuen und teutscher Schlüchte" – lautet der Nachruf aus der Feder seines Sohnes Martin. Die Stammtafel berichtet dann ausführlich, wie die Studenten (d. h. die Schüler der lateinischen Schule) mit Lieb und Lust des Meister Georgs Sprüche in ihre Schreibtafeln schrieben, und wie er mit aller Ehre das alte Spruchwort erfüllt habe: „Schlecht und recht, das behüte mich!" (Ps 25, 21). In seinem 27. Lebensjahre ließ sich Georg als selbständiger Handwerksmeister in der

Speisergasse zu Eilenburg nieder, indem er zugleich mit der Böttcherei auch das Küfergewerbe verband. Sein Eheweib holte sich der junge Meister von auswärts. Salome Petzsch, geb. am Weihnachtsfeste 1556 zu Collau bei Thallwitz, wurde seine Lebensgefährtin. Sie war es, die unserem Martin im Jahre 1586 das Leben schenkte. Aus völligem Dunkel, welches bisher in der Biographie um sie herrschte, tritt ihre Gestalt jetzt in das helle Licht kindlich dankbarer Erinnerung. „Das ist das Weib" – schreibt ihr Sohn – „durch dero gläubiges und inbrünstiges Leben ich zum Studium kommen und dabei erhalten worden. Das Zeugniß will ich ihr geben am jüngsten Tage. Amen. Herr thue wohl dem guten und frommen Herzen. Ihr Kraftpsalm war der 42. Psalm „Wie der Hirsch schreiet" und der 116. Psalm „Ich will den heilsamen Kelch des Herrn nehmen". So lebendig wirkte die Zaubermacht ihres frommen Gemütes noch bis in das Alter ihres Sohnes nach! Salomes Vater, Adam Petzsch, war 1523 zu Thallwitz geboren und wohnte bei der Geburt der Tochter zu Collau. Vermutlich war er Verwalter eines, den Herren v. Canitz gehörigen Vorwerks daselbst. Denn das Adelsgeschlecht der Herrn v. Canitz war in damaliger Zeit lange Dezennien hindurch auf Schloß Thallwitz ansässig, und bei Salomes Taufe war ein Hieronymus von Canitz der alleinige Pate. Auch kam Adam Petzsch bald darauf in der Stellung eines H a u s v o i g t s nach Schnaditz, woselbst er „bis auf Kind und Kindeskinder" treulich in Diensten stand. „Er starb daselbst eines guten und geruhigen Alters, da er 85 Jahre alt und seines Lebens satt war, Ao. 1608." Sein Eheweib, Salomes Mutter, war eine Anna Schöneberg von Künitzsch, gestorben 1601. Auch sie war eine fromme Natur. „Die hatte ihre Freude, wenn sie ein Paar Pische-Kinder speisen sollte und ihr Himmelreich, wenn sie einen fand, wie anitzo vor 35 Jahren, den sie zu ihren Pfäffichen machte und der ihr all ihre Kernsprüche aus Ihren Hirn in ein Buch trug". Unter der Erziehung solcher frommen Eltern war Salome zu Schnaditz aufgewachsen, als sie im Herbste 1579 sich dem Böttchermeister Georg Rinckart vermählte. In einer 34jährigen Ehe schenkte sie ihrem Gatten 8 Kinder. Linke zählte deren nur 5, Graubner 7. Beide übersahen unbegreiflicher Weise einen laut Kirchbuch am 23. September 1583 getauften Sohn Johannes. Frühzeitig verstarben dem Ehepaare wieder die Hälfte ihrer Kinder, die übrigen, 4 Söhne, überlebten ihren Vater.

Infolge einer in den Sterberegistern für die Jahre 1613-1617 entstandenen Lücke wußten wir den Tod Georg Rinckarts nur durch den Chronisten Simon. Derselbe schrieb: „Dieses Jahr (1613) starb allhier ein alter Bürger Namens Georg Rinckart, dessen Sprichwort war: Schlecht und recht". Simon entnahm diese Notiz unseren Papieren. Hier erzählt Martin, daß sein Vater am Montag nach Exaudi 1613 um 4 Uhr seines Alters 60 Jahre, ohne langwierige Krankheit, „fast wie im zweitägigen Schlafen", selig im Herrn entschlafen ist. Und nun setzt er ihm im dankbaren Sinne die Grabschrift, welche auch der Chronist vermerkte:
„Hoc habeat ergo cumuli:
Hic pia simplicitas antqui exemplar honesti
Et Christo et patria judice teste cubat."

Georgs Witwe, Salome, verheiratete sich nach ihres Mannes Tode im Jahre 1614 noch einmal und zwar mit dem Tuchmacher Matthäus Schütze zu Eilenburg. Wir werden ihr im Verlaufe der Biographie Martins noch weiterhin begegnen.

3. MARTIN RINCKARTS GEBURTSTAG

Wann wurde Martin Rinckart geboren? Diese Frage ist betreffs Bestimmung des Monatsdatums seines Geburtsjahres wiederholt aufgeworfen und bis in die neueste Zeit hinein teils falsch, teils unsicher beantwortet worden. Bisher war bekannt, daß Rinckart selbst den Sonntag Jubilate 1586 als seinen Geburtstag angab. In dem Nativitäten-Kleinod der Katechismuswohltaten v. J. 1645 verzeichnete er: „M. Martin Rinckart ist geboren Ao. 1586 Dominica Jubilate, am Tage Georg – des Erzmärtyrers – war der 23. Aprilis früh morgens zwischen 6-7 Uhr". Sein Epitaphium in der St. Nikolaikirche zu Eilenburg soll angegeben haben:
„Natus Ileburgi anno reparatae salutis alternae 1580, Dom. Jubilate, 25. Aprilis".
Wenigstens findet sich die Angabe so bei Simon notiert, und auch Plato und Vörkel lasen dieselbe zu Anfang 1800 an Ort und Stelle. Doch bedarf es wohl kaum der ausführlichen Darlegung, daß die Angabe der Jahreszahl 1580 auf einem Irrtum beruht. Bei einer Erneuerung der Inschrift durch einen Maler wird die inzwischen unleserlich gewordene Zahl 6 – möglicher Weise auf Grund der Angabe Simons, bei welchem dann ein Schreib- oder Druckfehler vorlag, – in eine 0 verderbt sein. Ebenso wird es sich mit der Verderbung des 23. Aprilis in 25. Aprilis verhalten. Auf jeden Fall ist das Jahr 1586 als das der Geburt Martin Rinckarts genügend geschichtlich gesichert. Nur über die Fixierung des Jubilate-Sonntages würden Unklarheiten vorliegen. Rinckart selbst schreibt an oben erwähnter Stelle: „23. Aprilis", in seiner poetischen Selbstbiographie in den Katechismuswohltaten: „27. Aprilis", und endlich das Epitaphium würde den 25. April angeben. Nun stellt uns jedes Kalendarium wissenschaftlich fest, daß der Sonntag Jubilate nach der damaligen Julianischen Zeitrechnung für das Jahr 1586 auf den 24. April fiel. Auch enthält das Kirchenbuch die zutreffende Eintragung: „Montags nach Jubilate, 25. April, hat Georg Rinckart einen Sohn Martinus genannt, teuffen lassen". Graubner zog deshalb den Schluß, daß sich der Erinnerung Rinckarts, wenigstens momentan, die Feststellung des Monatsdatums entzogen habe. Allein die Auffindung der Rinckartschen Handschriften bietet uns folgende Überraschung dar:

In dem oben zum Abdruck gelangten „itinerarium vitae" erhält die Angabe seiner Geburt die Randbemerkung: „natus 1586 Dominica Jubilate 24. Aprilis", und diejenige des Tauftags: „Montags 25. Aprilis". Die Chronologie seiner Lebensjahre beginnt mit den Worten „Martinus Rinckart von Eilenberg, geboren daselbst Anno Christi 1586 am Sonntag Jubilate, war der 24. Aprilis, früh zwischen 6 und 7 Uhr, und folgenden Tages getauft". Sein „Lebens- und Sterbensbericht" berichtet: „Leben und Lebenswohltat hat Er mir erzeiget, indem Er mich Ao. 1586 am 24. April für Sonntage Jubilate, unter der Metten, allhier zu Eilenburck frisch und gesund aus Mutterleibe gezogen". An dieser Stelle aber ist die Zahl 4 durchgestrichen und durch eine übergeschriebene 3 ersetzt. Die selbst verfaßte „Leichenschrift" trägt die Fassung: „Natus Ao. regnantis gratiae 1586, 23. Aprilis". Also auch waltet ein Widerspruch in der Fixierung des Geburtstagsdatums, aber mit dem Ergebnis, daß uns zum ersten Male aus Rinckarts Hand der Jubilate Sonntag 1586 als der 24. April angegeben wird. Offenbar hat der Dichter Jahre hindurch die Zeitbestimmung seines Geburtstages vollkommen richtig in der Erinnerung festgehalten, ist jedoch durch anderweitige Erwägungen hierin abgewichen und hat schließlich für sein Epitapnium den 23. April als Geburtstagsangabe bestimmt. Erinnern wir uns nun, daß Rinckart seiner Geburtstagsangabe noch jene andere Bestimmung beifügte: „am Tage Georg". Sicherlich hatte er auch diese zweite Angabe, als eine ihm von den Eltern wiederholt mitgeteilte behalten. War doch der Georgitag seines Vaters Namenstag. Dann aber kann sein Widerspruch in der Fixierung des Geburtstages auf bald den 24., bald den 23. April, nur in der Tatsache zu suchen sein, daß ihm das Zusammenfallen des Georgitages mit dem 24. April unmöglich erschien. Beschäftigen wir uns mit den Kalendarien des deutschen Mittelalters, so zeigt sich, daß die Feier des Georgitages nicht allgemein auf den 23. April festgesetzt war[10]. Vielmehr finden sich in den Kalendarien sowohl einzelner Länder, wie einzelner Diözesen vielfache Varianten vor, welche dadurch entstanden, daß man neben den allgemein verehrten Heiligen den Kultus besonderer Lokalheiligen einführte. Besonders war es der Name des hl. Adalbert von Prag, welcher den des Ritters Georg am 23. April verdrängte. Der Georgitag folgte dann am 24. April nach. Dies war jedenfalls auch in den Kalendarien der früheren katholischen Diözese Meißen, zu welcher Eilenburg gehörte, der Fall. Auch als nach der Reformation die ersten evangelischen Lokal-Kalender aufkamen, gingen die katholischen Heiligenverzeichnisse in diese meist unverändert über. Es ist durchaus nicht unmöglich, daß zu Eilenburg selbst, wo sich vom Jahre 1523 ab eine bedeutende Drukkerei des Nikolaus Widemar auftat, evangelische Lokal-Kalender gedruckt worden sind. Diese älteren Kalendarien mögen im Rinckartschen Vaterhause eingeführt gewesen sein. Sie gaben dann als Georgitag den 24. April an. Späterhin drangen die protestantischen Kirchenordnungen immermehr auf Ausmerzung der Kalenderentstellungen, zugleich kam Eilenburg durch die in Sachsen eingeführte Konsistorial-Verfassung unter das Leipziger Konsistorium. Durch alles dies, wie auch die natürliche Nähe Leipzigs, werden die evangelischen Leipziger Kalender in die Stadt Eilenburg Eingang gefunden haben. Solche Leiziger Kalender sind noch zahlreich in der dortigen Stadt-Bibliothek vorhanden. Sie führen den Titel: „der alte große Schreibkalender" und waren durch die Formschneider und Verleger Nerlich begründet worden. Diese Kalender wurden schon bald nach der Reformation verlegt, und findet sich in ihnen von Anfang an der 23. April als Georgitag verzeichnet, während am 24. April der Adalbertstag nachfolgt.

Als Rinckart in seinem Alter, 1645, daran ging, seinen Lebensbericht zu schreiben, fand er in den in seinem Besitz befindlichen Kalendarien durchweg den Georgitag als 23. April angeführt. Dies machte ihn in seinen bisherigen Reminiszenzen schwankend. Seiner Kenntnis mochte sich die Aufklärung der Kalender-Differenzen entziehen, und so schrieb er für sein Epitaphium den 23. April als Geburtstag nieder und ersetzte in der unmittelbar vorangehenden Lebensbeschreibung die Zahl 4 durch eine 3. In den schon früher begonnenen chronologischen Jahresaufzeichnungen hatte er indessen richtig den 24. April vermerkt.

Folgendes Schema möge die entstandenen Kalender-Differenzen am besten erläutern:

Datum	Älteste evang. Kalender mit Meißenischen Angaben	Spätere evang. Kalender mit Leipziger Angaben
23. April	Adalbert	Georg
24. April	Georg	Adalbert

Nach dem Gesagten können wir daher mit Sicherheit behaupten: Martin Rinckart wurde geboren am 24. April 1586, dem damaligen Kalendertage des hl. Georg, auf welchen zugleich in jenem Jahre der Sonntag Jubilate fiel.

Martin Rinckarts Bittgottesdienst, Gemälde von Schlabitz, 1907, Rinckart-Gymnasium Eilenburg

4. RINCKARTS JUGEND

Just, als die Kirchenglocken um 7 Uhr früh den Hauptgottesdienst für Sonntag Jubilate einläuteten, an welchem das Evangelium zur Verlesung kam von dem Weibe, das zuvor Traurigkeit hat, dann aber Freude, weil ein Mensch zur Welt gekommen (Joh 16,16-23), wurde am 24. April 1586 dem Böttchermeister Georg Rinckart zu Eilenburg von seiner Frau ein Knäblein geboren. Der Sitte der Zeit gemäß wurde das Kind bereits Montag darauf, den 25. April, auf den Namen Martin getauft. Die Paten, welche den kleinen Martin aus der Taufe hoben, waren nach seiner eigenen späteren Angabe: „Herr Andreas Putig, Stadtrichter zu Eilenburg, Thomas Avenarius, Schuhlkollega ibidem und Herrn Paul Kemnitzens eheliche Hausehre." Rinckart erzählt uns, daß er in seiner frühsten Jugend sehr schwach und zart gewesen sei. Fast 2 Jahre lang stillte ihn die Mutter Salome. Doch bald kräftigte sich die Natur des Kindes. Im Verein mit seinen Geschwistern trieb er sein fröhliches Spiel unter dem lauten „Klipp, Klapp" der Böttcherhämmer seines Vaters und dessen Gesellen oder tummelte sich in den freiliegenden Gärten und Stätten der Speisergasse.

„Hier hab ich Kinderspiel, hier Schimpf und Scherz getrieben,
Hier ließ ich mir den Ball und Saitenspiel belieben,
Und was halb Unvernunft im Jugendlenze treibt,
Und uns die Weisheit selbst in erster Blüt erläubt."

Freilich fehlte es auch nicht an zeitigem Ernste des Lebens. Blühender Wohlstand herrschte nicht im Elternhause Rinckarts. „Nur durch die Mittel armer Eltern und durch ihre blutsaure Handarbeit", schreibt er, „bin ich bis in das 15. Jahr notdürftig erhalten und unterhalten worden." Beide von Haus aus nicht vermögend, mögen die Eltern Martins anfangs hart zu ringen gehabt haben. Erst späterhin werden sich ihre Verhältnisse gebessert haben, da sie auch den jüngsten Sohn, Bernhard, studieren ließen.

Auch mancherlei Trübsal lernte das Kindergemüt unseres Martin kennen. Vier seiner Geschwister verstarben im frühen Alter und der älteste Bruder Georg war von klein auf blödsinnig. Auch eigene Krankheit blieb nicht aus. Wir erfahren, daß Martin in seinem 7. Lebensjahr beim Verlassen der Kirche einen gefährlichen Schaden dadurch erlitt, daß ein Stück Wand auf ihn herabfiel und ihm den rechten Schenkel schwer verletzte. „Derselbe ward aber mit Gottes und des Barbierers Hilfe völlig restituiert. Das war der erste sonderbare Anstoß und die erste sonderliche Gotteshilfe."

Ein zweiter Unfall traf den jugendlichen Knaben im 13. Lebensjahre, als er zur Winterszeit mit seiner Mutter von einem Ausfluge über Land, wahrscheinlich nach Besuch der Großeltern in Schnaditz, heimkehrte. Er fiel hierbei in die Mulde und wurde viele Schritte unter dem Eise hinweggeführt. Also naß und erfroren hatte er noch über eine Meile Wegs zu gehen. Bedeutsam ist für uns die Bemerkung, welche Rinckart an diese Mitteilung knüpft. Er meint, daß von solchem Unfalle „vermutlich seine fast blasse Gesichtsfarbe komme".

Aus derartiger Notiz ergibt sich die Tatsache, daß Rinckart noch als Mann ein blasses Aussehen gehabt haben muß. Unter aller sauren Arbeit des Lebens herrschte in Rinckarts Elternhause ein frischer, edler Sinn für die Kunst der Musik. Des Abends, wenn die Arbeit ruhte, erklang am häuslichen Herde das Saitenspiel fröhlicher Weisen, zu welchen die Kinder sinnige Liedlein zu singen verstanden. Unser Martin hat die edle Kunst der Musik daher auch sein ganzes Leben lang betrieben. Er schätzte sie – einem Martin Luther gleich – als die Kunst,

> „die ewig ist und bleibt
> Und uns den Trauergeist und schweren Mut vertreibt".

Bereits mit dem 5. Lebensjahre übergab Meister Georg seinen kleinen Sohn dem öffentlichen Unterrichte. Das „itinerarium" sagt darüber:
„Hinc, ubi transierant vix primi tempora lustri
 Damnabar studiis cum pietate bonis.
Quae, quamvis dextro laesus pede multa moratus,
 Pectore non segni per duo lustra sequor."

Das Schulwesen Eilenburgs hatte sich ziemlich frühzeitig entwickelt. Bei der ersten evangelischen Kirchenvisitation durch Justus Jonas, Georg Spalatin u. a. im Jahre 1530 fanden die Visitatoren bereits eine Knabenschule mit einem Schulmeister und einem Coadjuvanten, sowie eine Mädchenschule mit einem Lehrer vor. Nach dem Vorbilde der meisten Stadtschulen Sachsens entwickelte sich dann die Knabenschule, namentlich auf Grund „des sächsischen Schulplanes" vom Jahre 1528, zu einer weiteren Höhe. Bis zum 8. Lebensjahre empfingen die Knaben Unterweisung im Lesen, Schreiben und Musik, wie in einigen lateinischen Vorkenntnissen. Hierauf traten sie in den höheren Unterricht über, welcher in seiner weiteren Gliederung der Kinder in untere und obere Stufe ein nicht unerhebliches Maß von klassischer Bildung, aber auch Bibelkunde und Musik in sich schloß. Wie in den übrigen derartigen Stadtschulen Sachsens standen zu Rinckarts Zeit 3 Lehrkräfte, Rektor, Kantor und Tertius oder Baccalaureus, im Dienste der lateinischen Schule Eilenburgs. So berichtet er uns denn auch: „In schola patria habe ich praeceptores gehabt an meinem Herrn Paten Avenario[11], sonderlich aber an dem frommen und arbeitsamen Manne Herrn Georgio Ulmanno[12] Cantore und dem Rektor Herrn M. Wolfgango Phemelio[13], die mich als ihren Sohn geliebet und bis ans 16. Jahr meines Alters instituieret". Was er hier als Knabe sich für Gemüt und Geist erworben, hat er noch als Greis in Dankbarkeit seinen Lehrern nachgerühmt:
„Hier hat mein Habermann mein Glaubenslicht anzündet,
Herr Phemel macht es hell, Herr Jenisch es recht gründet.
Hier mich mit gleichem Ruhm mein frommer Ullmann lehrte
Die Kunst, die mich hernach zehn Winter lang ernährte."

Hiernach scheint sich neben den genannten Präzeptoren auch der Eilenburger Superintendent M. Paul Jenesius oder Jenisch[14] des geweckten Knaben angenommen zu haben. Er war es jedenfalls, auf dessen Anraten Rinckart sich entschloß, seine weiteren Studien in Leipzig fortzusetzen.
„Von dannen (d. i. schola patria) bin ich auf Vorschrift (d. i. Rat) des Herrn M. Paul Jenesii,

damals Superintendenten zu Eilenburg, gegen Leipzig kommen."

Und zwar war es die Thomasschule, auf welcher der treusorgende Superintendent seinem Stadtkinde Aufnahme verschaffte. Jenisch hatte zu dieser Anstalt enge Beziehungen. Mit dem damaligen Tertius M. Ambrosius Bardenstein – gleichwie er ein geborener Annaberger – war er auf das engste befreundet [15]. So siedelte denn der jugendliche Martin Rinckart am 11. November, dem Martinstage, 1601 nach der benachbarten Lindenstadt über, nachdem er die Zusage seiner Aufnahme auf der Thomana erhalten hatte.

Mulde, zwischen Schnaditz und Düben

5. RINCKARTS SCHUL- UND STUDIENJAHRE ZU LEIPZIG

Daß Rinckart Thomaner war, ist den Biographen lange Zeit verborgen geblieben. Ja, die berühmte Lehranstalt selbst hat, da sie keine Register besitzt, die annähernd in Rinckarts Zeit zurückgreifen, bisher den Namen des Dichters von „Nun danket alle Gott" noch nicht mit unter der Reihe der Männer aufgezählt, welche sie mit Stolz zu ihren einstigen Zöglingen rechnen kann. Bisher strahlte unter den namhaften Dichtern des 17. und 18. Jahrhunderts nur Paul Flemming aus Hartenstein als der einzige, welcher seine wissenschaftliche Ausbildung nachweislich auf dieser Schule Sachsens erhalten. Und doch redete Rinckart in der schon längst bekannten „Brautmesse" vom Jahre 1642 ausführlich von den „hochteuerwerten Seelen der S. Thomas-Kirch und Pflegeväter, Speiseherren und Säugammen, als an dero wohltätigen Mütterbrüsten ich bald zehn Jahre gegangen, gesäuget und unterhalten worden, so lange, als ich anfangs dero dürftiger Säugling und nachmals Herrn Seth Calwitzen unwürdiger Chorverwalter gewesen". Auch durch ein zeitgenössisches Zeugnis, welches wir in dem Magisterelogium zu Rinckarts späterer Promotion von Josua Stegmann, dem Dichter des Liedes: „Ach bleib mit Deiner Gnade", besitzen, wird uns die Ausbildung Martins Rinckarts auf der Thomana bestätigt.

    Die einschlägigen Verse lauten hier:
„Ad Philyres igitur Fabricas, suadente
    Patrono
Jeniso sacro patriae tunc praeside, fertur,
Traditur et Phoebi doctis Sophiaeque
    Magistris.
Hinc inter sese magna vi bracchia tollunt
Thomani aurifabri, ducentes nomina famae
A Lapide et Rheno, sataguntque inducere
    formam."

Ausführlichere biographische Notizen über die Thomanerzeit bietet uns Rinckart selbst in den aufgefundenen Papieren. Im „itinerarium" vermerkt er:

„Hic mihi plus septem Lipsensis Apollo per
    annos
Thomanas artes praebuit atque dapes.
Praebuit et larga sua larga stipendia dextra."

Am 16. November wurde er in die Gelehrtenschule aufgenommen, und zwar zunächst als Externus. „Ich habe mich bei einem Bürger, Böttiger Hans Heine, in Wohnung gegeben, daselbst ich mich habe beköstigen müssen." Die Thomasschule war damals eine Lateinschule für Arme. Während wohlhabende und hochgestellte Leute ihre Kinder der Nikolaischule oder den Fürstenschulen anvertrauten, bemühten sich die durch Stand und Vermögen minder günstig gestellten Eltern, ihre Kinder auf der durch milde Stiftungen unterhaltenen Thomasschule unterzubringen. Der Andrang war deshalb oft so stark, daß sich viele Schüler glücklich schätzten, wenn sie unter der Zusage auf spätere Aufnahme in den Exspektantenböden der Anstalt einen Unterschlupf finden konnten. Im übrigen nahm Rinckart auch als Externus an den Emolumenten des Singechors teil. Ein Visitationsbericht vom Jahre 1609 besagt ausdrücklich, daß sowohl die externi als auch die inquilini expectantes sich an der Kurrende beteiligen und mit den hieraus fließenden „Alumsen" behelfen durften. Dagegen blieben alle anderen

Vorzüge der Schule, welche nur für die Alumnen bestimmt waren, zunächst für ihn verschlossen. Je höher die Klasse war, in welche er eintreten durfte, desto größer war auch die Anwartschaft, in das eigentliche Alumnat einzurücken, da die quatuor classes superiores zum größten Teil nur aus Alumnen bestanden. Leider versagen uns die Aufzeichnungen eine bestimmte Angabe darüber, in welcher Klasse der Schule er zunächst den Unterricht empfing. Wir erfahren nur, daß er am 15. Januar 1602 – also sehr bald nach seinem Schuleintritt – vom Rektor M. Jac. Laßmann unter die Alumnen aufgenommen wurde. Bei solcher Aufnahme hatte er eine formula obligationis zu unterschreiben, in welcher sich der Schüler den Schulgesetzen unterwarf. „Da ich denn über 7 Jahre verblieben und von Jahr zu Jahr mehr beneficia genossen." Die Annahme Linkes und Graubners, daß Rinckart auf Grund der in der Eilenburger Lateinschule erworbenen Kenntnisse sofort in die Oberprima der Thomasschule eintreten konnte, vermögen wir nicht zu teilen. Dazu war das Pensum der letzteren Lehranstalt ein viel zu hoch geschraubtes. In Prima wurde nach einem vom Rektor Laßmann i. J. 1582 aufgestellten Lehrplane unterrichtet: Dialektik nach Lossius, Rhetorik nach Melanchton, Latein nach Ciceros Reden und Vergils Aenäis, Griechisch nach Neuem Testament und Isokrates, Religion nach Examen Melanchtons, endlich Prosodie. Es leuchtet ein, daß ein derartiger Wissensstoff eine Reife voraussetzte, wie sie der Eilenburger Rektor Pfehmel nach dem ganzen Zuschnitt der dortigen Schule nicht hatte erzielen können; schon darum nicht, weil auf den gewöhnlichen Lateinschulen kein Griechisch gelehrt wurde! Auch in der Sekunda, wo der Unterricht in der griechischen Grammatik einsetzte, wurde namentlich im Lateinischen eine bedeutende Fertigkeit grammatikalischer und syntaktischer Kenntnisse vorausgesetzt, wie sie von Rinckart in dem geforderten Maße kaum geleistet werden konnte. Irren wir nicht, so wurde Martin zunächst als Obertertianer aufgenommen. Diese Annahme wird nicht nur durch die außerordentlich lange Schulzeit nahegelegt, welche Rinckart als Alumne auf der Thomana zubrachte, sondern sie wird auch durch ein Verzeichnis der Lehrer, welches er in seinen Aufzeichnungen hinterlassen hat, geradezu bestätigt. „Ehe ich aber von Leipzig mich wende, muß ich allhier meiner Herrn Präzeptoren gedenken. Die wahren zu unterschiedenen Zeiten auff und an der Schuhle bey S. Thomae: 1. H. M. Jacobus Lassman, Rector. 2. M. Erhard Lauterbach conrector (itzo Doctor und zu Zeitz Superattendens). M. Ambrosius Bardenstein, Rector, successor Lassmanni. Sethus Calvisius, Cantor. M. Johann Richter, poeta Caesarius, Quintus. M. Christophorus Hunichius Conrector, successor Lauterbachii (itzo zu Stettin in Pommern Rector Gymnasii). M. Johannes Rhenius Ossitiensis, erstlich Tertius, itzo Conrector successor Hunichii. (Dieser beiden correctorum Chor hab ich in die 5 Jahre bestellet.) M. Wilisch, Quartus, war nicht lang da, kahm bald in Hospital zu S. Johannis zu Leipzig und endlich von dannen zur Superintendenz gegen Eckartsberga. Dem succedirte M. Joh. Dietzig".

Offenbar bietet uns Rinckart hier die Namen seiner Lehrer in der Reihenfolge dar, in welcher sie ihn dem Studiengange entsprechend, den er auf der Thomasschule nahm, unterrichteten. Daß er zunächst in der Aufzählung den Rektor Jak. Laßmann[16], unter welchem er auf der Anstalt aufgenommen wurde, voranstellt, erscheint selbstverständlich. Dasselbe gilt von der Erwähnung des Konrektors Erh. Lauterbach[17], welcher übrigens in den tribus superioribus classibus, also auch in Tertia, Musikunterricht erteilte. Die eigentlichen Präzeptoren des Obertertianers waren der damalige Medius oder Tertius M. Ambr. Bardenstein[18] und der Kantor Seth Kalvisius[19]. An beiden Lehrern hatte Martin von Anfang an väterlich gesinnte Freunde. Bardenstein, an welchen der Knabe durch den Eilenburger Superintendenten Jenisch warm empfohlen war, erwies ihm stets ein besonderes Wohlwollen, solange derselbe auf der Schule verweilte. Seth Kalvisius aber war mit sichtlicher Treue bestrebt, namentlich die musikalischen Fähigkeiten dieses seines Schülers auszubilden. Übrigens erteilte der Kantor in Tertia den hauptsächlichsten Unterricht in lateinischer Sprache. Bei ihm fand Rinckart daher reiche Gelegenheit, die bisher zu Eilenburg angeeigneten Sprachkenntnisse zu erweitern. Bereits zu Ostern 1602 rückte er dann jedenfalls in die Sekunda nach. Hier ruhte der Unterricht fast ausschließlich in den Händen Bardensteins. Bei ihm eignete sich Martin die Grundelemente lateinischer Poesie an, in welcher er sich späterhin so gern erging. Griechische Grammatik sowie Erklärung der griechischen Evangelien erteilte in dieser Klasse der Quintus M. Johannes Richter[20]. Er war zugleich baccalaureus nosocomii, der die Wirtschafts-, Schlaf-und Krankensäle des Alumnats zu inspizieren hatte. Mit ihm hatte deshalb Rinckart auch weiterhin während seines Aufenthaltes auf der Thomana zu verkehren. Der Rektor Laßmann, sowie der Konrektor oder Supremus Lauterbach gaben in Sekunda nur wenige Stunden. Als Rinckart dann Ostern 1604 Primaner wurde, vollzog sich in den Stellen des Rektorats und Konrektorats ein bedeutender Wechsel. Laßmann war nach längerem Siechtum verstorben und Bardenstein hatte die Leitung der Anstalt übernommen. Lauterbach dagegen kam als Superintendent nach Zeitz. An seine Stelle trat der Gelehrte M. Christoph Hunich[21]. Bei der Spärlichkeit in welcher der Forschung die Quellen aus der ersten Hälfte des 17. Jahrhunderts im allgemeinen zufließen, war diese letztere Tatsache, daß der berühmte Astrologe Hunich gleichzeitiger Lehrer und Konrektor an der Thomana war, weder aus Akten noch Gelehrtenlexikon bekannt. Um so wertvoller wird die diesbezügliche Ergänzung aus Rinckarts Feder. Zudem fanden wir ihre Glaubwürdigkeit durch einen Magisterpanegyrikus von Christian Beckmann aus dem Jahre 1606 zeitgenössisch bestätigt[22]. Bei Hunich sammelte sich Rinckart jene staunenswerte Fülle astronomischer und mathematischer Kenntnisse, welche wir in seinen späteren Werken, namentlich dem „Mathematischen Gedenkring" antreffen. Für Bardenstein kam M. Johann Rhenius[23] an die Schule. Da dieser erst 1606 in das Konrektorat nachrückte, so hat unser Dichter wissenschaftlichen Unterricht wohl kaum bei ihm genossen. Wohl aber unterstand er jahrelang der Leitung auch dieses Konrektors innerhalb des Gesangsinstitutes der Thomana. Rinckart hat uns über den Gang seiner musikalischen Ausbildung außer der oben zitierten Stelle, nach welcher er „der correctorum Chor in die 5 Jahr bestellte", nur noch die kurze Notiz hinterlassen, daß er „anno 1604 in die Kantorei aufgenommen, folgendes Jahr praeceptus derselben, wie auch des Herrn Kantoris im 2. Chor substitutus" geworden sei. Wollen wir diese kurzen Angaben verstehen, so müssen wir die Gliederung des damaligen Gesangsinstitutes einer näheren Berücksichtigung unterziehen. Schon damals war die Schülerzahl der Thomasschule für den Gottesdienst in 2 Chöre eingeteilt, deren erster vom Kantor selbst geleitet wurde, während dem zweiten der „Präfekt", „Substitut" oder „Chorverwalter" vice Cantoris vorstand. Die Chöre wechselten mit ihrem Gesang sonntäglich in den beiden Hauptkirchen von St. Nikolai und St. Thomas. Der Chorus primus sang nur Figuralmusik, der Chorus secundus nur Choral. In der Person des damaligen Kantors Seth Kalvisius verfügte die Thomasschule über eine Größe, welche unter den Tonmeistern jener Zeit einen bedeutenden Ruf genoß. Daß ein Chor, an dessen Spitze ein solcher Meister stand, geradezu Erstaunliches leisten konnte, ist klar. Allerdings stellte Kalvisius bei der Aufnahme in seinen Chor, vulgo Kantorei genannt, auch ganz besondere Ansprüche an seine Schüler. Es gelang deshalb Rinckart, obwohl er von Haus aus über eine gute Stimme und musikalische Schulung verfügte, erst nach 2 $^1/_2$ Jahren in die Kantorei aufgenommen zu werden. Für die vielfachen anderweitigen Gesangsgelegenheiten, wie Kurrrende, Neujahrs-, Martini-, Gregorii- und Leichensingen bestanden wieder andere Einteilungen in sog. kleine Kantoreien. An ihnen nahmen auch die Externi teil. An der Spitze jedes solchen Einzelcoetus, der in der Regel je 30 Schüler zählte, stand ein sog. „Präzept". Derartiger Kantoreipräzept wurde Rinckart nach seiner Angabe Anfang 1605. Bei gewissen Fällen, namentlich den „kleinen Leichen", unterstand der Präzept der Führung des baccalauerus funerum, dem Quartus der Schule. Diese Lehrstelle wechselte, da sie keine rechte Befriedigung bot, sehr oft. Zu Rinckarts Zeiten waren die von ihm aufgezählten M. Johann Wilisch und M. Joh. Dietzig[24] nachein-

Calvisius, Sethus (1550 - 1615)
unbez. Stich, Bach-Archiv Leipzig

ander als Quartus an der Thomana angestellt. Schon im September 1605 übertrug der Kantor Kalvisius unserem Martin die ehrenvolle Stellung eines „Chorsubstituten oder Chorverwalters", in welcher derselbe bis zu seinem Fortgange aus Leipzig verblieb. Wenn übrigens Rinckart diese Funktion des Chorverwalters als ein „bestellen" des „correctorum Chores" bezeichnet, so weist er damit auf die bestandene Einrichtung hin, nach welcher der jeweilige Konrektor, wohl hauptsächlich der Disziplin halber, die Übungsstunden des 2. Chores zu überwachen hatte und auch sonntäglich in der Kirche zugegen sein mußte. Die eigentliche Leitung des Gesanges lag in den Händen des Chorverwalters, so daß Rinckart reiche Gelegenheit hatte, seine musikalischen Fähigkeiten selbständig zu entfalten. Es versteht sich von selbst, daß die höheren Chorstellen auch mit größeren Einnahmen verknüpft waren, welche aus öffentlichen Mitteln dem Alumnat zufielen. So teilten z. B. vom Gregoriusgelde die vier Chorpäzepten den 4. Teil der Summe unter sich, während der Rest unter die Schüler verteilt ward. Noch weitere Vergünstigungen erfreute sich der Chorpräfekt oder Substitut. Er erhielt von allen Kollekten zu gleichem Anteil mit dem Rektor 1 fl und 3 gr. Ebenso standen ihm von dem Anteil der Schüler aus jedem Semester 3 fl besonders zu. Namentlich die Kurrende lieferte für ihn, wie alle Alumnen, die hauptsächlichsten Existenzmittel. Dreimal wöchentlich durchwandelte der Singechor in der Anzahl von je 30 Schülern die Straßen der Stadt und ließ vor den Türen seine melodischen Choräle ertönen. Die milden Gaben, um welche hierbei angesprochen wurde – „Alumsen" genannt – kamen zunächst für das Schulgeld, wöchentlich 3 Pfennige, zur Verteilung. Dennoch blieben durchschnittlich, wenigstens zu Rinckarts Zeiten, für einen Primaner 18 Pfennige übrig. Dankbar erwähnt der Dichter in seinen Aufzeichnungen all der Wohltaten, – „larga stipendia", – die ihm während der Schulzeit zu teil geworden. Denn auch für die Beköstigung der Alumnen war durch milde Stiftungen gesorgt. Je 16 Schüler besetzten einen Tisch, dessen Speisung seitens wohltätiger Bürger der Stadt erfolgte. Oft freilich stellte sich gerade in der Verpflegung große Not und Schwierigkeit ein. Bisweilen hatte ein großer Teil der Schüler keine Alimente, ja selbst eine geraume Zeit gar keiner zu essen. Auch die Wohnungen waren in desperatem Zustande. Im Jahre 1607, als Rinckart noch auf der Anstalt weilte, mußten die Fenster gemacht werden, da die Scheiben so schlecht hielten, daß sie bei der geringsten Bewegung heraus fielen. Für die entstandenen Kosten hatte jeder Alumne wöchentlich einen Pfennig zu zahlen. Dennoch fand Rinckart sein gutes Auskommen. Selbst an bedeutendem Stipendium fehlte es ihm nicht. „Anno 1608 im September habe ich der Schule vornehmstes Stipendium, so sie ab auctore Hamerianum nennen, auf die 36 R jährlich auf 6 Jahre erhalten." Dies Stipendium, von einem Steyrischen Arzte Dr. med. Mart. Hammer im Jahre 1591 gestiftet, sollte zugleich die Mittel zur Vorbereitung auf den Baccalaureus darbieten. Der betreffende Nutznießer mußte bei der Universität immatrikuliert sein. – Aus dieser Veranlassung verließ Martin Rinckart nunmehr das Alumnat der Thomasschule und siedelte zur Betreibung ernster Studien in das große Fürstenkolleg der Universität über. Schon längst war er an der alma mater immatrikuliert. Bereits im Sommersemester 1602 hatte er sich inskribieren lassen. Die Immatrikulation findet sich noch heute im Album der Universität vor. Sie geschah unter dem Prorektorat von D. Andreas Hummel. Daß Thomasschüler sich an der Universität immatrikulieren ließen, war bei der damaligen Studienordnung nichts ungewöhnliches, sondern geradezu gebräuchlich. Ein derartiger Gebrauch war nicht nur durch den Zusammenhang einzelner Dozenten mit der Schule bedingt, sondern es wurden auch einzelne Unterrichtsfächer, als Geschichte und Geographie, dem Universitätsbesuche überlassen. Die „leges locatos in Thomana concinnantes" schrieben den Alumnen der oberen Klasse ausdrücklich vor: „Frequentent quotidie lectionem unam Professoris alicujus publici. Visitent disputtationes publicas Philosophicas et Theologicas, quin etiam privatis collegiis

1. Die St. Thomas Kirche, 2. Die Thomas Schule.
3. Der Steinerne Wasser=Kasten.

Thomas-Kirche und -Schule, Frontispiz aus der Thomasschulordnung von 1723,
Stich von J. G. Krüger d. Ä., Bach-Archiv Leipzig

cum praescitu et consensu Rectoris associentur". Als Rinckart die Leipziger Hochschule besuchte, hatten sich hier kurz zuvor die kryptokalvinistischen Streitigkeiten abgespielt, durch welche ganz Sachsen so leidenschaftlich erregt wurde. Die Universitätsprofessoren hatten dem Kalvinismus abschwören müssen, und der friedliche Geist Melanchtons, welcher bisher in Auslegung der loci communes zum Ausdruck gebracht worden war, begann einer einseitigen Moraltheologie und kasuistischen Philosophie zu weichen. Es ist nur begreiflich, daß eine derartige Geistesströmung auch auf den jugendlichen Rinckart ihren nachteiligen Einfluß hinterlassen mußte. Die scharfe Ausdrucksweise beim Gebrauche des Wortes in Predigt und Dichtung in Bezug auf Andersgläubige, sowie die enggefaßte Darstellung lutherischer Lehre, wie uns solche im späteren Leben Rinckarts entgegentreten, erhielten zu dieser Zeit ihre erste Ausprägung. Im allgemeinen standen damals an der Spitze einzelner Zweige der Wissenschaft eine ganze Reihe von Dozenten, welche über ein ungemein reiches Wissen verfügten. Gelehrte, wie der Mathematiker Meurer, der Astrologe Hunich, der Dialektiker Korvin, der Hebraiker Schilter und der Alttestamentler Becker, galten als Kapazitäten ersten Ranges. In der philosophischen Fakultät, welcher nach der damaligen Studienordnung jeder stud. theol. sich zunächst zuwandte, lehrten 9 Magister alter Stiftung über griechische und lateinische Sprache, Geschichte, Dichtkunst, Rhetorik, Dialektik, praktische Philosophie, Moral, Physik und Mathematik. Die Lehrer der Theologie hatten 4 Lehrstühle inne, von denen 2 für altes und 2 für neues Testament bestimmt waren. Bei dieser dargebotenen Vielseitigkeit des Wissens könnte man geneigt sein, von seiten Rinckarts – zumal bei der Zeitdauer von fast 7 Studienjahren – ein eifriges Studium vorauszusetzen. Allein wir finden über seine akademische Ausbildung nur die kurze und fast befremdende Angabe in den Manuskripten vor: „Bei der Universitas hatte ich zu Lehrern Herrn Licentiat Wolfg. Corvin [25], physicus professorum, meinen Stipendienverwalter, auf dessen Befehl ich Ao. 1609, den 30. September, primam in philosophia lauream angenommen, M. Heinr. Höpfnerus [26], in dessen collegio privato ich gewesen, und D. Burchart Harbart [27], den ich in locis theologicis gehört." Selbst wenn Rinckart unter dieser Angabe nur diejenigen Dozenten aufzählt, welche er neben den gleichzeitig an der Thomana unterrichtenden Gelehrten – Lauterbach, Hunich, Rhenius – hörte, so zeigt uns doch ihre beschränkte Anzahl, daß er nur wenige Studien auf der Universität getrieben hat und auch hierbei mehr philosophische als theologische. In dem Umstande, daß der stud. theol. auf dem Alumnate der Thomasschule allzusehr durch die Ämter eines Präzepten und Chorverwalters vom Besuche der Hochschule abgehalten ward, findet diese befremdende Tatsache ihre Erklärung. Jedenfalls wird erst jetzt verständlich, warum der Eilenburger Superintendent Büttner im Jahre 1610 die Bewerbung Rinckarts um das Diakonat mit dem Bemerken zurückwies: „Bewerber habe bisher nicht dem studio theologico, sondern philosophico obgelegen, sonderlich habe er musicam getrieben." Als nun Rinckart, wie er schreibt, von seinem Stipendienverwalter dazu angehalten wurde, sich, dem Steyrischen Stipendium entsprechend, für das Baccalaureat vorzubereiten, mögen sich vielfach wissenschaftliche Lücken fühlbar gemacht haben. Hierauf bezieht sich offenbar der Hinweis von Josua Stegmann:

„Cum tandem adjutus sociis duroque labore
Höpfnerus tutibusque tudes limamque lituris
Ingeminans summam potuit superaddere
curam"

Daß sich der junge Student zur Beseitigung seiner Bildungsmängel besonders eng an Höpfner anschloß und sich von ihm auf das Baccalaureat gründlich vorbereiten ließ, lag in dem Verhältnis der Kollegiaten auf dem Fürstenkolleg zu ihren Zuhörern begründet. Zwischen dem unverheirateten assessor facultatis, als welcher Höpfner damals noch im fiskalischen Gebäude der Universität wohnte, und dem fast gleichaltrigen Studiosus mochte sich leicht ein Band mehr freundschaftlicheren Verkehrs knüpfen. Zeitlebens ist Rinckart seinem Freunde und Lehrer Höpfner für jene mühevolle Unterrichtszeit dankbar geblieben. Als der einstige Lehrer am 4. Juli 1645 in hohen Ämtern zu Leipzig verstarb, widmete er ihm folgendes Epizedion:
„Perdidimus mundo lupulumque oleumque
operamque!
In coelo melior fructus et ardor erit."
Es ist doch Hopf und Maltz an dieser Welt
verloren:
Die unser Höpner Ihm in Kriegs-Sturm
erkohren
Da lasset uns fliehen zu: da laßt uns bawen
ein:
Da wird nach Krieges-Noth/ noch Vatertrew
innen seyn."

Drei Semester nur nach seinem Abgang von der Thomana blieb Rinckart als Student bei der Universität inskribiert. Die Matrikel meldet: „Complevit R. D. Ottone Schwalenberg". Letzterer aber wurde Rektor im Sommer 1609. Gleich darauf finden wir den stud. theol. mit der Baccalaureatswürde dekoriert. Mit eisernem Fleiße hatte er sich die erforderlichen Kenntnisse angeeignet. Die Bestimmungen der Constitutio electa forderten für die der Promotion vorangehende Prüfung ein nicht unerhebliches Maß von Wissen. Der Bewerber hatte nachzuweisen, „daß er in lateinischer und griechischer Sprache wohl geschickt und in der Dialektika und Rhetorika geübet und auch die principia physiae, arithmeticam et sphaericam gelernet habe". Schriftlich war eine Chrie oder Gnome anzufertigen; mündlich wurde in den 5 circulis grammatico, dialectico, rhetorico, physico et mathematico geprüft. So mochte wohl auch Corvin, welcher zum größten Teil die erforderlichen Kenntnisse als Professor physicus im Kolleg vortrug, den ihm als Stipendienverwalter unterstellten Studiosus durch Rat und Tat gefördert haben. Im Album der Universität findet sich die Promotion Rinckarts, mit seiner Angabe übereinstimmend, als „pridie calendarum Octobris 1609" verbucht. Der Name des Promovenden lautet hier „Martinus Rinckhardtus". Daß unser Dichter den akademischen Grad eines Baccalaureus besessen, ist sämtlichen Biographen entgangen. Und doch kam diese Tatsache in dem bekannten Schreiben des Superintendenten Büttner durch den Zusatz zum Ausdruck: „zudem habe Rinckart nur primum gradum in philosophia erlanget". Auch bezeichnete sich Rinckart in dem Anhalteschreiben an die Grafen von Mansfeld als „baccalaureus bonarum artium". Diese akademische Würde war damals Vorbedingung zur Bekleidung von Ämtern an Schule oder Kirche. Und nach solch einem Amte sehnte sich der 23jährige Jüngling. Da wurde im März 1610 in seiner Vaterstadt das Diakonat an St. Nicolai vakant. Sofort bewarb sich Rinckart um diese Stelle. Allein der Rat der Stadt wurde vom Superintendenten Büttner genötigt, auf die Wahl des einheimischen Bewerbers zu verzichten. Außer den bereits angeführten Gründen hatte Büttner geltend gemacht, es wäre zu besorgen, daß der Archidiakonus Stichel, der schon ein Stadtkind war, „diesen Rinckart als seinen Landsmann und Bekannten auf seine Seite ziehen möge, hernach aber fractiones und Trennungen wider ihn molestieren". Das war für Rinckart eine schwere Erfahrung. Aber der Thomaner-Kantor Seth Kalvisius half seinem Chorverwalter über dieselbe hinweg. Er hatte lebhafte Verbindungen nach Eisleben zu dem dortigen Generalsuperintendenten der Grafschaft Mansfeld, D. Christoph Schleupner. An diesen gab er Rinckart ein Empfehlungsschreiben zur Bewerbung um eine am Eislebener Gymnasium soeben vakant gewordenen Lehrerstelle. Allerdings hatten die Grafen von Mansfeld selbst fast alle Schul- und Kirchenämter ihrer Grafschaft zu besetzen. Doch das Wort des Generalsuperintendenten galt bei ihnen viel. Nachdem sich Rinckart zunächst schriftlich an Schleupner gewandt hatte, erhielt er von diesem die Aufforderung sich vorzustellen. Der junge Baccalaureus wurde außerordentlich freundlich aufgenommen und an die Grafen weiter empfohlen. Indessen nur dem Senior der Vorderorteschen Linie, Grafen Volrad, konnte Rinckart die Bewerbung persönlich übergeben. Graf Friedrich Christoph von Hinterort weilte zu Leipzig. So gab er seine Bewerbung auf der Kanzlei ab und reiste mit einem Briefe an Graf Christoph versehen nach Leipzig zurück. Auch hier wurde er, als er sich dem Grafen vorstellte, freundlich aufgenommen.

„Comes noster, – so schreibt er am 15. April 1610 an Schleupner zurück – lectis tuis litteris bene me sperare hancque ipsam divinitus mihi oblatam occasionem non oscitanter, sed grato animo acceptare atque expectare jussit." Der Brief trägt die Unterschrift: „Dabam Lipsiae e Celligio Fiscali majori. F.E.R. Martinus Rinckart Eilenburg. Idibus Apr. 1610".

Die Stellenbesetzung verzögerte sich indessen dadurch, daß der von der Schule abgegangene Quartus, M. Johann Sommer, zuvor für das Diakonat an St. Andreas bestätigt werden mußte, und wiederum in die Stelle Quartus der bisherige Sextus am Gymnasium, M. Salomon Engelhard, nachrückte. Endlich, anfangs Mai, wurde die Lehrprobe Rinckarts durch Graf Volrad angeordnet, welche der Bewerber „wohl" bestand. Der Graf gab seine Einwilligung zur Anstellung, indem er an Schleupner berichtete: „da ich obgedachten M. Rinckart zu seiner Probe wohlbefunden und zu dem Kantordienst an St. Nicolai genugsam qualificiret, will ich ihm die Sechst Schulstelle geben". So fehlte nur noch die Zubilligung des Grafen Christoph. Auch diese traf ein, nachdem das Konsistorium ausgang Mai berichtet hatte, daß Rinckart „sich mit ansehnlichen Vorschriften ausgegeben und seiner eruditon auch lebens und Wandels halber gut Zeugnis" habe. Nunmehr verließ Rinckart die ihm so lieb gewordene Musenstadt Leipzig für immer und siedelte nach dem Mansfeldischen in Amt und Würden über.

6. RINCKART IM MANSFELDISCHEN

Das Gymnasium zu Eisleben, in dessen Schulamt Martin Rinckart als Sextus eintrat, war i.J. 1546 auf Luthers persönliche Veranlassung gegründet worden. Schon anfang 1600 genoß die Anstalt wegen ihres vorzüglichen Unterrichtes einen weit verbreiteten Ruf. Der Sextus hatte in Quarta den lateinischen Unterricht zu geben und Sonnabends in Quarta und Tertia die griechischen Perikopen zu erklären. Hierzu trat ferner die Erteilung von Musik-Unterricht in den Klassen Quarta bis Prima. War auf diese Weise Rinckart durch einen 20stündigen Wochenunterricht vollauf in Anspruch genommen, so hatte er außerdem noch das Amt eines Kantors an St. Nikolai zu versehen. In Abwechslung mit dem Kantor von St. Andreas, dem Quartus der Schule, leitete er den Gesang der Kurrende bei Gottesdiensten, Brautmessen und Leichenfeierlichkeiten, sowie Mittwochs und Sonnabends Nachmittag auf den Straßen. Ebenso mußte er bei den alljährlichen „Gregoriusfesten" – zu Ehren Gregor d. Gr., des Schutzpatrons des Schul- und Kirchengesanges, – die Darstellungen aus der hl. Geschichte durch kostümierte Schüler einüben und beaufsichtigen. Auch sonst wurde seine Mitwirkung bei Gastmahlen und Familienfestlichkeiten oft begehrt. Hieraus erhellt, daß eine so vielseitige Tätigkeit, wie sie das Kantoramt bedingte, auch ein stattliches Repertoir von Gesängen aller Art und eine tüchtige musikalische Begabung erforderte. Hieran fehlte es bei Rinckart nicht. Vielleicht haben wir in der von ihm i.J. 1619 unter dem Titel „triumphi de Dorothea" veröffentlichten Notensammlung aus italienischen Meistern eine Reihe sog. „italienischer Kammermusiken" zu suchen, welche bereits um 1610 meist in Form begleitender Kantaten oder Kammerduette auftraten und von Rinckart schon in Eisleben verwandt wurden. Im allgemeinen wird sich dieser in seiner Stellung kaum wohlgefühlt haben, da an der Schule kein kollegialisches Verhältnis obwaltete. Die Lehrer der tres classes superriores sonderten sich von denen der classes inferiores streng ab. Zwischen dem Oktavus Balth. Crato und dem Septimus Chr. Hirsch kam es zu einer offenen Schlägerei. So kam ihm eine Berufung ins Diakonat von St. Annen zu Eisleben, die ihm laut Manuskripten am 15. April 1611 durch den Grafen Christoph zugestellt ward, außerordentlich erwünscht. In das Kirchenbuch von St. Annen hat er seinen Übergang vom Schulamt ins geistliche Amt eigenhändig mit den Worten eingetragen: „Dominica vocem jucunditatis ist an oberledigte Diakonatstelle neukopirt Martin Rinckart Eilenburgensis, damals ins erst Jahr Cantor bey St. Nicolai." Den 28. Mai 1611, am Sonntag Rogate, wurde er durch den Generalsuperintendenten Schleupner investiert und introduziert. Eine der ersten Amtshandlungen, die der neue Diakonus vornahm, war die, daß der die bis dahin unübersichtlich gestalteten Kirchenbücher anders einrichtete. Noch heute sind die 3 Distichen erhalten, die er hierbei eintrug. Sie lauten:
„Ad successorem:
Ne tibi displiciciat, lector, concinnior ordo,
Quem collegarum condidit una manus.
Vitamus patulae praegrandia pondera chartae.
Non opus est longis, si breviora queunt.
Nil his, quos sequimur, nil nos si quando
    sequeris,

St.-Annen-Kirche Eisleben

Praescriptum arbitrio steque cadatque tuo.
Martin Rinckart."

Wenige Monate nach seiner Einführung gründete er sich einen eignen häuslichen Herd. Er hatte zu Eisleben die nähere Bekanntschaft von Christina Morgenstern, der Tochter des verstorbenen Rektors M. Jacob Morgenstern, gemacht [28]. Am 7. Sonntag nach Trinitatis hatte, wie er uns berichtet, das Verlöbnis stattgefunden, und am 14. Trinitatissonntage schon fügten sich beider Hände unter dem Bibelworte 1. Mose 29,20: „Also diente Jacob um Rahel sieben Jahre und däuchten ihm, als wären's einzelne Tage", zum innigen Lebensbunde zusammen. Als nach 24 $\frac{1}{2}$ Jahren die Gattin im Tode vorranging, klagte und bekannte Martin Rinckart in Erinnerung des Hochzeitstextes:

> „Mein auserwählter Morgenstern,
> wo bleibest Du jetz und so fern,
> So lange, lange, lange?
> Die viertehalb mal sieben Jahr
> Da Du mir schienest hell und klar
> Mir waren einzelne Tage."

Durch die Heirat ward er mit der Familie des hochangesehenen Kanzlers Jakob Ritter[29] nahe verwandt. „Ehrenvester, achtbar und Hochgelarter Herr Kantzler, großgünstigster Schwager und Gevatter" redet er diesen in einem noch erhaltenen Briefe von Erdeborn aus an, während er sich als „E. Ehrw. Dienst und Gebots gefl. Schwager und Gevatter M. Martin Rinckart, der örter Pastor" unterzeichnet. Eng befreundet war Rinckart zur Zeit seines Aufenthaltes im Mansfeldischen mit M. Nikol. Bertram, dem Pfarrer von St. Andreas zu Eisleben. Beide Männer verband der gemeinsame Sinn für Dichtkunst und Musik. Auch an Schleupners Nachfolger, dem Generalsuperintendenten D. Joh. Förster[30], fand der strebsame junge Geistliche einen wohlwollenden Freund. Rinckart hat uns in seinen „annales Mansfeldici" einen Bericht über die Einführung Försters hinterlassen, welchen wir wegen seiner einzigartigen Ausführlichkeit zugleich als zeitgenössischen Beleg über die damalige Investitur eines geistlichen Würdenträgers folgen lassen. Es schreibt Rinckart: „Den 10. Februar (1613) ward anstatt des Hern Chr. Schleupner der Herr D. Joh. Förster, vordem Professor zu Wittenberg, solemniter investirt. Erstlich, als geläutet, post octavam, waren die Herrn des ministerii allhier zu Eisleben versammelt in des Herrn Pastoris Andreanae Behausung. Die anderen aber von dem Lande jegliche bei ihren Herrn Grafen, wo diese lagen, und begleiteten jene aus der Superintendentur den Herrn Doctorem, diese aber ihren Herrn Grafen, alle in Herrn Grafen Brunos Behausung am Marktplatz. Von dannen folgten die sämmtlichen Herrn Grafen, das Ministerium und die Herrn Pastores in die Kirche und nahmen die Herrn Grafen in ihrer bohrkirch Platz, die Pastores aber den Chor und was sie ledig finden. Und ward gesungen: 1. Veni sancte, lateinisch. 2. Herr Gott Dich loben wir. 3. post lectam collectam: Misereat nostri, darauf 4. das credo deutsch. Nach diesem predigte der Neue Decanus[31] von Mansfeld, und nach gethaner Predigt, als man sang: Komm hl. Geist, that der Herr Doktor das opus mit der Investitur übernehmen und sich kürzlich und deutlich darauf resolviren, mit kurz vorgesetzter Ermahnung: de origine investiturarum ab Aarone, und ward ihm hernach als dem Superintendent mit Handschlag und Zusag von all und jedem Kirch- und Schuldiener eidlich angelobt und endlich mit Gesang und Gebet geschlossen"[32].

Lucas Cranach d.J.: Der Weinberg des Herrn, 1569, Ausschnitt, rechts unten am Brunnen J. Förster, Wittenberg, Stadtkirche St. Marien

Freilich nur kurze Zeit währte die Wirksamkeit des als streng antikalvinistisch bekannten Generalsuperintendenten. Er verstarb, noch nicht 37 Jahre alt, am 17. November 1613. Rinckart trauert ihm aufrichtig nach: „Es legt sich der weise Mann nieder und stirbt innerhalb 4 Tage, nämlich am Mittwoch, (d. 17. November) an welchem Tage begraben wird der geistreiche und mutige Theologus Lic. Joh. Mülmann, Professor Lipsiensis, und fallen also die starken Helden und lieben Seelen der lutherisch Kirche in einer Woche, nicht ohne sonderbare Bewegung des ganzen Kirchengebildes und alleinig frommer Geistlichen.

Sic, o theologum par, nobile in orbe fuistis.
Tu similes, Christe homo-dive, refer."

Dieser Ausdruck innigen Bedauerns über das Hinscheiden der „starken Helden" der lutherischen Kirche eröffnet uns einen psychologischen Rückschluß auf den theologischen Standpunkt Rinckarts. Auch Mülmann nämlich, welcher nach glänzender Karriere 1604 nach Leipzig kam und hier 1607 Prof. theol. ward, galt für einen scharfen Vertreter streng lutherischen Bekenntnisses gegenüber kalvinistischer Tendenzen. Seine streitbare Art der Rede mochte Rinckart von Leipzig her, wo er ihn in den Gottesdiensten zu St. Nikolai wiederholt gehört, noch recht gut in Erinnerung geblieben sein. Und es scheint, als ob der junge Diakonus von St. Annen vollkommen mit in den Anschauungen eines enggefaßten Luthertums, welches die „alleinige Frömmigkeit" für sich in Anspruch nahm, aufgegangen ist.

Wie sehr sich solche Gesinnung fast bis zum Haß der Bekenntnisform gegen Bekenntnisform zu steigern vermochte, beweist uns die von Rinckart während seines Aufenthaltes zu Eisleben verfaßte Luthertragödie: „Der Eislebische christliche Ritter". Diesem Drama war die Erzählung zu Grunde gelegt von dem Könige, der seinen 3 Söhnen 3 gleiche Ringe hinterließ, indem der den eigentlichen Wunderring für den würdigsten der Söhne bestimmte. Während diese Fabel bekanntlich später von Lessing auf die 3 monotheistischen Religionen angewandt wurde, ließ Rinckart die 3 christlichen Konfessionen sich um das Erbteil Immanuels streiten. Hierbei erweist sich Martin (das Luthertum) als der siegreiche christliche Ritter, der aus dem Kampfe mit den feindlichen Brüdern Peter (dem Papsttum) und Johannes (dem Kalvinismus) durch die Hilfe Immanuels mit Ehren hervorgeht. Linke meint: „Neu ist allein der Gedanke, Luther ausschließlich als Urbild dieses Begriffes in dem Mittelpunkt einer geistlichen Komödie zu stellen". Dem gegenüber hat neuerdings E. Michael, Martin Rinckart als Dramatiker, Leipzig 1894, nachgewiesen, daß bereits in Hartmanns curriculum vitae Lutheri 1601 der Reformator „Martin" genannt werde „zum Zeugnis und Bekenntnis frei, daß er ein christlicher Ritter sei". Bezeichnend für die dogmatischen Anschauungen Rinckarts ist nun die Tatsache, daß in der Darstellung des Stoffes der Kalvinismus mit weit heftiger Schärfe gegeißelt wird, als der Papismus. Die Gönnerschaft der Grafen ermöglichte die Drucklegung des Stückes. Demselben Wohlwollen der Grafen verdankte Rinckart im Jahre 1613 seine Berufung in das Pfarramt von Erdeborn, welchen letztern Ort er im itinerarium allegorisch als Ehr-dem-Born" deutet. Schon 1612 war ihm – wie er in den Papieren erzählt – die Pfarrstelle zu Dederstedt und Hedersleben angetragen worden, aber von ihm „aller Ursach halber unterthänig abgelehnt" worden. Jetzt nahm er die ihm angenehmer erscheinende Landpfarrstelle dankend an. Im Kirchbuch von St. Annen vermerkt er:

„Den 5. September ward der Ehrbare M. Johann Kroninger Döbliensis, so 5 Jahre allhier bei S. Petri und Pauli Pastor und 9 Jahre bei S. Andreae Diakonus gewesen zum Weimarisch Sächs. fürstl. Hofprediger abgeholet und an seiner stad H.M.Abel Gebler Silesius bis dahin in die 9 Jahre zu Erdeborn und Lüttichendorf Pfarrer promovirt. Zu dessen Succession Ward den 26. Oktobris von dem Wohlgeb. Unserm Gnädigen Herrn Friedrich Christophen und durch den Ehrw. Acht- und Hochgelahrten H.D. Johannem Försterum, mir Martino Rinckhardo, nunmehr dritthalb Jahr allhier Diacono mit vielen persuasionibus ... die prob angesetzet Und den 23.Trin., war der 7. November, im Beysein Hochgedachten Herrn Doctoris, item beider derselben Gemeinden, mit Gott glücklich abgeleget, auch von ihnen alsobald darauf eingeholet ... Also hab ich im Nahmen des Herrn, des die Sach ist, meine labores allhier bei dieser Kirche beschlossen und derselben primo Advent, als den 28. November, zu Mittag VALEDicirt.
Sique Neo Islebii fortuna peracta laboris
Tu successor, ave, suscipe, redde, VALE!"

Es waren glückliche und schaffensfreudige Jahre, welche Martin Rinckart als Pfarrherr zu

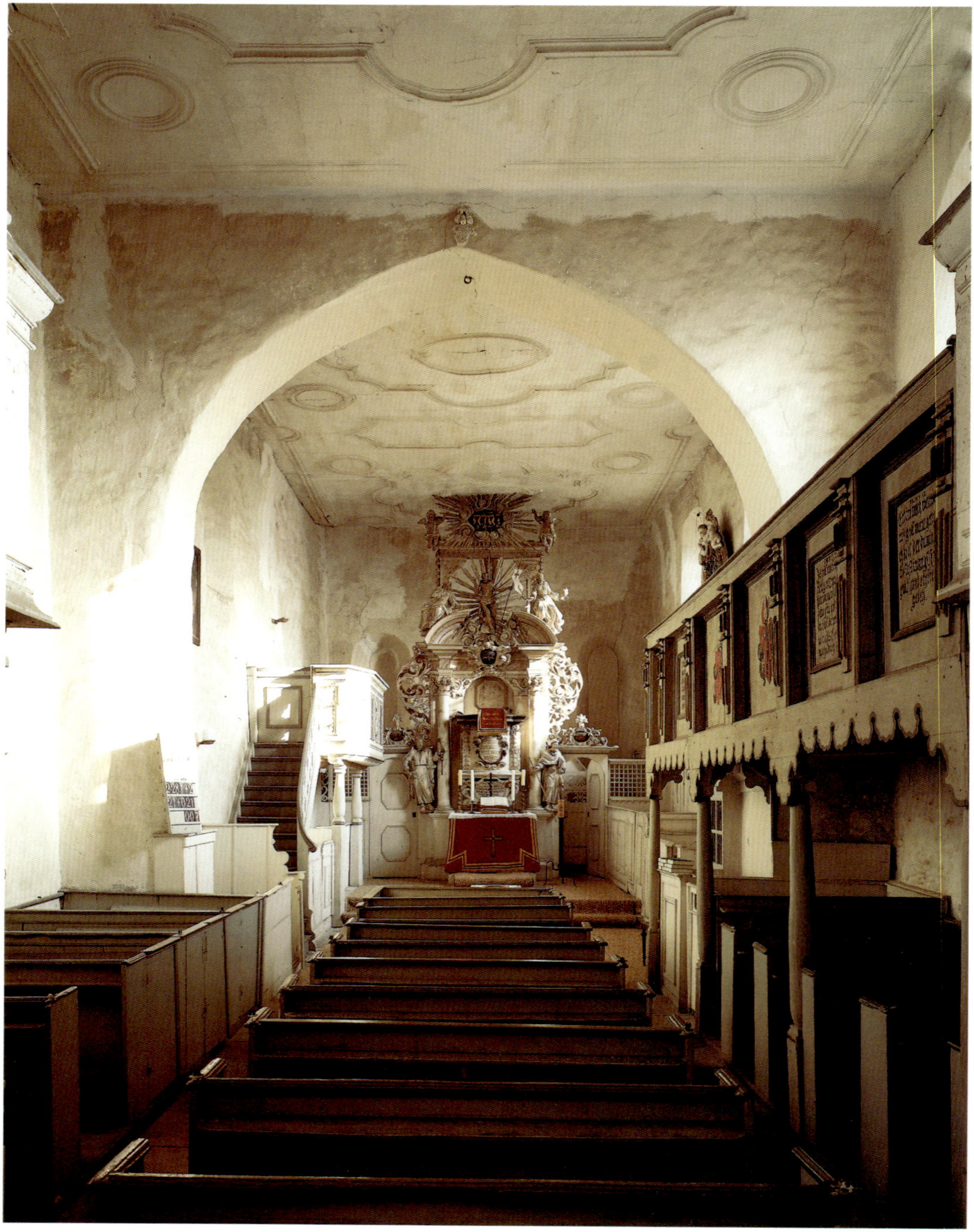

Erdeborn verlebte. Bald nach seinem Einzug daselbst beschenkte ihn die Gattin mit dem „ersten Ehesegen", einem Knaben. Er schreibt über dieses Vaterglück:
„Me laeta proles fecit honorque patrem.
Quam rursus Christi venerando e fonte dicavi
Nomine deque meo nomen habere dedi".

Von der treuen Wirksamkeit Rinckarts im Amte legen verschiedene von ihm unter dem Titel „Pastoralia" in den Manuskripten vermerkte Einzelfälle ein beredtes Zeugnis ab. Auch dichterisch war er außerordentlich tätig. Dem „Eislebischen Ritter" folgte ein Drama: „Lutherus desideratus", welches die Verbreitung der reformatorischen Ideen von 1300-1500 enthielt, indessen nur als Manuskript entstand. Es war das zweite Stück in einer von ihm projektierten Lutherheptalogie. Zum nahenden Reformationsjubiläum dichtete er eine Eislebische Mansfeldische Jubelkomödie, den „Indulgentiarius confusus"[33]. Rinckart hat bei Abfassung dieser Jubelkomödie sich fast wörtlich an Hartmanns curriculum vitae Lutheri, sowie Kielmanns Tetzelocramia angelehnt und nur wenige eigene Zutaten geliefert. Das Stück war das dritte in der geplanten Lutherheptalogie. Wenn es bei der Drucklegung den Namen des Eislebischen Konrektors M. Christoph Stöltzer als denjenigen eines Mitverfassers erhielt, so geschah dies wohl hauptsächlich deshalb, weil Stöltzer die Einübung des Stückes auf dem Gymnasium übernommen hatte und für die Bühnenbearbeitung manchen praktischen Wink gegeben haben mochte. Linke meint, daß man an der Schule verstimmt gewesen sei, daß der Dorfpastor von Erdeborn zu dieser Ehre der Abfassung kam und sich zur Einübung erst entschloß, als der Kompromiß zu Stande kam, der Konrektor seinen Namen als den eines Mitdichters auf den Theaterzettel

Dorfkirche zu Erdeborn bei Eisleben
gegenüber Innenansicht

setzen durfte". Uns will diese Anschauung als eine aus Vorurteil für Rinckart entsprungene Beschuldigung des ganzen Lehrerkollegiums nicht gefallen. Zudem war Rinckart mit dem Konrektor durch die erste Ehefrau Ritters, eine geborene Stöltzer, verwandt und eng befreundet und mochte sich auf solche Weise erkenntlich zeigen wollen. Eine vorübergehende Verdrießlichkeit erwuchs dem Erdeborner Pfarrer um diese Zeit durch einen schweren Einbruch, bei welchem ihm „durch 4 lose Buben an 40 Stück Hausgerät und auch ebensoviel Gülden Wert" gestohlen wurde. Dagegen fallen in die Erdeborner Wirksamkeit Rinckarts zwei Ereignisse, welche ihm reiche Ehren und Würden eintrugen, seine Dichterkrönung und sein Magisterium.

7. DIE DICHTERKRÖNUNG RINCKARTS

Seitdem Kaiser Friedrich III. i.J. 1491 zu Nürnberg den Dichter Konrad Celtes mit einem Lorbeerkranze gekrönt hatte, fand die Dichterkrönung auch in Deutschland mehr und mehr Eingang[34]. Sie wurde außer vom Kaiser auch von den Pfalzgrafen[35] vollzogen, zu deren Hoheitsrechten sie zählte. Dadurch aber, daß in der Folgezeit die Pfalzgrafenwürde vielfach nur als Titel verliehen wurde und sogar erkauft werden konnte, verlor die Dichterkrönung ihr altes Ansehen und war ebenfalls für Geld käuflich. Bereits zu Rinckarts Zeit hatte die Ehrenbezeichnung eines „poeta Caesarius laureatus" bedeutend an Wert eingebüßt. Dennoch liebte er es, sich in seinen Schriften mit solcher Würde zu unterzeichnen. Indessen war Tag und Ort der Krönung, sowie der Name des Pfalzgrafen, der sie vollzog, bisher gänzlich unbekannt. Auch hierüber bieten uns jetzt die handschriftlichen Aufzeichnungen Klarheit: „Anno 1615, den 24. Mai, ist mir vom Herrn Valentino Jopnero Wurzensi jur. utr. et phil. doctore, Comite Palatino Caesario, aus Unterhandlung alter Schulgesellen und Studenten zu Leipzig allerhand konferirt und per fratrem zugeschickt worden: laurea serta, deren ich mich nie würdig verdient." Im itinerarium vitae sagt er hierüber: „1615. Hic posuit Daphne mihi laurea serta, camoena, IÖPNERE, officii nobilitate tui". Dieser Vaslentin Jöpner[36] – eines Bäckers Sohn aus Wurzen – war nun, wie sich feststellen läßt, ein ehemaliger Studiengenosse Martin Rinckarts. Beide hatten gemeinsam die Vorlesungen bei Corvin besucht und waren sich wohl auch sonst näher getreten. Sehr schnell war Jöpner zu Würden und Auszeichnungen gelangt. Er promovierte 1608 als Baccalaureus sowie 1609 als Magister und wurde dann jur. utr. doctor. Im Jahre 1612 erhielt er die Würde eines Pfalzgrafen zu Regensburg, wozu ihm, wie der Wurzener Chronist erzählt, „viele vornehme Herren und gelehrte Leute mit Versen beehrten". Vielleicht widmete ihm auch Rinckart ein Elogium. Jedenfalls aber übersandte unser Dichter, der schon frühzeitig nach der Auszeichnung eines kaiserlichen gekrönten Poeten trachtete, sein in Druck erschienenes Drama des „Eislebischen christlichen Ritters" an den befreundeten Pfalzgrafen. Dieser hielt sich damals noch zu Leipzig auf, von wo aus er erst späterhin nach Freiberg als Rechtsgelehrter übersiedelte. Zu gleicher Zeit aber verweilten in der alten Musenstadt verschiedene andere ehemalige „Schulgesellen und Mitstudenten" Martin Rinckarts. So wirkte M. Jacob Vulturius, ein Studiengenosse Rinckarts, wie Jöpners als Hyperdidaskalus an der Thomasschule. Soeben, i. J. 1615, hatte Adam Tülsener, ein geborener Eilenburger, der noch zu Rinckarts Zeit die Thomana besuchte, zum Magister promoviert. Ihm verdanken wir ein „in lauream poeticam M. Martini Rinckardi, tunc pastoris Erdebornensis", verfaßtes Epigramm. Insbesondere aber studierte des Dichters jüngerer Bruder, Bernhard, welcher ebenfalls zu Martins Zeiten auf der Thomasschule weilte, an der Leipziger Universität. Diese aufgezählten Freunde, zu welchen noch andere treten mochten, werden dem Pfalzgrafen Jöpner die Dichterkrönig des Erdeborner Pfarrers nahe gelegt haben, während sie anderseits diesen ermutigen, sich bei dem ehemaligen Studiengenossen um die

Von Ao 1617

Bis Ao 1650

M. Mart. Rinkart,
Archidiac. geb. zu Eilenburg 1586.

Würde zu bewerben. Auf solche Weise gelangte Rinckart nach „allerhand Konfiriren" in den Besitz des Lorbeerkranzes. Von der üblichen Solemnität der Krönung, bei welcher der Poet nach einer vorher angefertigten Probe seiner Dichtkunst um die Würde nachzusuchen hatte, worauf ihm der Pfalzgraf unter dem Komitat von Zeugen die Auszeichnung verlieh, wurde in diesem Falle abgesehen[37]. Vielleicht hatten sich die Verhandlungen schon längere Zeit hingezogen, und es war der in seinem Pfarramte reich beschäftigte Dichter vor der Hand nicht abkömmlich. So wurden ihm die Insignien, bestehend in Kranz, Ring und Reskript durch Vermittlung des Bruders zugesandt.

8. RINCKARTS MAGISTERIUM

Rinckart mochte sich nicht damit begnügen, nur den akademischen Grad eines Baccalaureus zu besitzen, sondern er trachtete auch darnach, den von den Geistlichen jener Zeit allgemein geführten Magistertitel zu erwerben. Er hatte verhältnismäßig bereits eine geraume Zeit vergehen lassen, ehe er an die Magisterpromotion herantrat. Noch mit Ausgang des Jahres 1615 aber reichte er seine Bewerbung zu Leipzig ein. Die Zahl derer, welche hierselbst sich um die Magisterwürde bewarben, war stets eine beträchtliche, und lag hauptsächlich in den Vorrechten begründet, welche sich aus dieser Würde ergaben. Für die Magisterpromotionen war damals zu Leipzig, wie an den meisten Universitäten, das vierte Trimester – Luciae bis Reminiscere – bestimmt. Der Prokanzellarius lud am 1. Advent durch öffentlichen Anschlag die Bewerber zur Meldung ein. Am St. Thomastage fand dann zunächst ein Konsessus der Dozenten statt, bei welchem die Bewerbungen seitens eines der Kandidaten vorgetragen wurde. „Auch prästirt man – schreibt Rinckart – juramentum[38] de legitima procreatione et non offendendo in eventum petitionis. Darauf macht man scriptum extemporaneum. Wegen einstehender Ferien erließ man mir und zwei anderen peregrinis diesen Tag." Sobald ihn die pastorale Tätigkeit nach dem Weihnachtsfeste abkommen ließ, eilte er nach Leipzig. Denn spätestens am Tage St. Johannis Ev. hatten sich die Examinanden einzufinden. Es begann für sie das der eigentlichen Magisterprüfung vorangehende Tentamen. Dasselbe währte „vom 27-30. Dezember alle Tage sieben Stunden". Diese hohe Stundenzahl der Prüfung erklärt sich wohl aus der nicht unbeträchtlichen Ziffer der Kompromotionalen. Es waren, wie sich feststellen läßt, außer Rinckart 24 Examinanden.

„Die lectiones in tentamine, erzählt Rinckart, waren diese und sinds fast alle Zeit: der 1. Tag circulus organicus, der 2. Tag circulus physicus, der 3. Tag circulus ethicus, der 4. Tag circulus astronomicus. Hierauf hatte man 8 Tage Frist bis auffs festum candelarum oder virorum regum. Indessen muß die facultas philosophica bei dem Kapitel zu Merseburg consensum erlangen nitrandi examinis und auch alle nomina candidatorum mit übersenden"[39]. Wir ersehen hieraus, daß sich Rinckart über ein nicht unerhebliches Maß von Wissen auszuweisen hatte. Er benutzte deshalb jede freie Stunde, „zu kompliren, was man juxta stabula nicht an lectionibus gehört". Es mochte sich von der Universitätszeit her, wie wir bereits früher sahen, noch manche Lücke in den wissenschaftlichen Kenntnissen zeigen. Am 6. Januar fand dann der feierliche Akt der Examenseröffnung statt. Er ging, wie auch an anderen Universitäten, unter reichlicher Fackel- und Lichter-Zeremonie vor sich. Unter Vorantritt des damaligen Rektors D. Finckelthaus hielten die Universitätskorporationen feierlich Einzug in den hell erleuchteten Saal des gr. Fürstenkollegs. Eine Anzahl der den Examinanden befreundeten Studenten bildete die Zuschauerzahl. „Es haben die Pedelle Fackeln in den Händen und Lichter aufgestecket, denn es geschieht gegen Abend halb fünf. Darauf wird das rescriptum in des Domkapitels nomine eröffnet und den Kandidaten Macht gegeben nitrandi examinis. Die Kandidaten werden öffentlich verlesen daß sie künftigen Tages sollen in das Examen gelassen werden. Darauf singt man Te Deum laudamus und schließt einer aus den Kandidaten mit einem carmine. Indes trinken die Gäste und Professoren de vino generoso, den müssen die Kandidaten bezahlen."

Rinckarts Promotionsschrift, welche er loco scripti, das ihm am St. Thomastage erlassen worden war, „in ipso festo candelarum", also am 6. Januar, vorzutragen hatte, handelte „de origine, ratione, ritu et ceremoniis Festi Candelarum, quod vocant … ex inclyto inclytae et celeberrimae facultatis philosophicae instituto". Linke versteht unter dem festum Candelarum das bekannte katholische Kirchenfest der „Lichtmesse". Allerdings wurde dieses Fest, das auf den 2. Februar fällt, wegen der an ihm vorgenommenen Weihe der Kerzen als „festum Candelarum" bezeichnet. Laut Titel der Dissertation bemerkt aber Rinckart ausdrücklich, daß er nicht dieses Kirchenfestes „externa, sed externa tantum, specietenus Papatum quodam modo redolentis" Ursprung und Eigenart behandeln wolle, sondern die akademische Zeremonie der Fackeln und Lichter, „ex inclyto facultatis philosophicae instituto". Die Promotoren waren, wie in dem Drucke der Dissertation zum Ausdruck kommt, M. Heinrich Schwalenberger, – Professor der Sprachen – M. Johann Friedrich, Professor der Geschichte – M. Christoph Preibisch, – Professor der Physik – und M. Heinrich Höpfner, – Professor der Rhetorik – sowie der Dekan M. Nik. Liska, Professor der Dialektik. Es wurde 3 Tage lang geprüft und zwar je 3 Stunden Nachmittags. „Am 1, Tage: circulus historicus et rhetoricus, am 2. Tage: circulus poeticus, am 3. Tage: circulus humanitatis vel problematicus." Während sich Rinckart also im Tentamen mehr in Kenntnissen des Aristotelischen Organon, in Ethik und Astronomie, auszuweisen hatte, gingen die Examinatoren in der eigentlichen Magisterprüfung zu der Forderung von Kenntnissen in Geschichte, klassischem Latein und Griechisch, sowie praktischer Philosophie über. Am 25. Januar fand dann der Akt der Promotion statt. Rinckart hat über die Solemnität desselben keine besondere Aufzeichnung hinterlassen. Die Feier wird die übliche gewesen sein. Auch zu ihr wurde öffentlich eingeladen. Nach feierlichem Einzug der Promonenden erfolgte Ansprache des Prokanzellarius und Ablegung eines Eides seitens der pro magisterio Geprüften. Hierauf fand die Ernennung der neuen Magister und die Zuteilung von Hut und Stab an dieselben statt. Das

Dankelogium eines der Neuernannten bildete den Schluß. Als ein schätzenswerter Beitrag zu den auf uns nur spärlich gekommenen Angaben jener Zeit über pekünare Unkosten des Magisteriums möge folgende Aufstellung aus Rinckarts Hand hier Platz finden:

„Loco completionis[40] mußte ich geben 8 Thaler an guter Müntze. Darnach bis zum prandio alles an guter Müntze. Dieses Geld variat, gaben etliche mehr, etliche weniger, doch nicht über 12 Thaler und nicht unter 6 Thaler. Dies war das höchste und niedrigste. Im Tentamen giebt man alle Tage, wie auch in examine 4 gute Gr. respiration Geld[41]; 12 gute Gr. dem Pedell für ligno et face und 5 R in fiscum facultatis; 2 Rheinische Gülden kommen halb dem Prokanzellarius, halb dem Domkapitel zu Merseburg zu[42]; 24 Groschen den examinatoribus pro labore[43]; 12 Gr. pro testimo praeceptoris[44]; 12 Gr. pro testimonio curatoris[45]; dem Decano pro labore 26 Gr.[46]; 8 Gr. pro impressione programmatis[47]: 4 Gr. pro inscriuptione in matriculam[48]; 11 Thlr 13 Gr. zum Prandio[49]; 30 Gr. dem Poeten pro gratulatione[50]. Für die Kleidung 21 Gülden[51]; 12 Thaler 13 Gr. Zeche und Reisegeld."

Mit der neuen Würde des Magisteriums geziert, kehrte der Erdeborner Pfarrer heim. Nur noch ein Jahr verblieb er auf seiner ländlichen Pfarrstelle.

Altar in der Eilenburger St. Marien Kirche (Bergkirche), um 1620, linke Tafel, Luther mit Wegbegleiter, im Hintergrund Stadtansicht Eilenburgs mit Schloß

9. RINCKARTS BERUFUNG NACH EILENBURG

Seitdem Rinckart im Mansfeldischen weilte, war er aus verschiedenen Anlässen in seiner Vaterstadt Eilenburg zu Besuch gewesen. Das erste mal kehrte er heim, als ihm i. J. 1613 sein Vater, Böttchermeister Georg, gestorben war. Bereits das Jahr darauf verweilte er wieder zu Eilenburg, da seine Mutter Salome, den 8. Sonntag nach Trinitatis, mit dem Hutmacher Matthäus Schütze in „seinem Beisein nuptias celebrirte". Diese zweite Ehe der Mutter war nicht von langer Dauer. Schon im Juli 1617 verstarb Matthäus Schütze. Zur Ordnung der Familienverhältnisse kam Martin Rinckart wiederum in die Heimat zu Besuch. Linke vermutete, daß diese Reise mit der Aufführung des Judulgentiarius zusammenhing. Unmöglich ist nicht, daß eine Aufführung gerade in jene Zeit der Anwesenheit des Dichters gelegt worden ist und von statten ging. Denn auch Eilenburg, sowie Grimma und Altenburg führten das Stück auf. Bei seiner Anwesenheit starb am 17. Juli der Archidiakonus M. Georg Schalitz. Für den nächstfolgenden Sonntag trug der Superintendent Leyser dem Stadtkinde Rinckart eine Gastpredigt an. Dieselbe scheint ungemein angesprochen zu haben, denn Tags darauf fanden sich die Viertelshauptleute mit dem Stadtschreiber M. Wolfgang Phemel, seinem früheren Rektor, bei Rinckart ein und boten ihm seitens der Bürgerschaft die vakante Archidiakonatsstelle an. Dennoch scheint er nicht ohne weiteres entschlossen gewesen zu sein, die ehrenvolle Wahl anzunehmen. Namentlich sprachen hierbei pekuniäre Bedenken mit. Rinckarts bisherige Pfarrstelle zu Erdeborn war bedeutend höher dotiert, als das Eilenburger Archidiakonat. Auch hierin aber kam ihm die Bürgerschaft entgegen. „Weil sie wußten, daß ich in der Fremde schon beßre Bestallung hätte, haben sie sich gut und freiwillig anerboten, mir meine Besoldung jährlich um etwas zu verbessern. Hierauf hat der E. E. Rath meine Besoldung jährlich mit 20 Gulden zu vermehren versprochen." Diese Zulage wurde zur Hauptsache auf die Einnahmen der städtischen Schäferei gelegt. Sie wurde in der späteren Notlage des 30jährigen Krieges, als die Einnahmen im Ratssäckel ausblieben, einer der Hauptklagepunkte im Streite Rinckarts gegen den Rat. Jedenfalls aber war man bemüht, ihm die vor 7 Jahren zu teil gewordene Zurückweisung wieder gut zu machen. Rinckart bat sich zunächst eine kurze Bedenkzeit aus und reiste ins Mansfeldische zurück. Kaum hier angekommen, wurde ihm ebenfalls eine Pfarrstelle angeboten. Zu Helfta nämlich war am 24. Juli der Pfarrer Samuel Bornhausen verstorben, und Rinckart kam eben noch zeitig genug, den ihm befreundeten Amtsbruder die Leichenrede zu halten. Die Grafen boten ihm die Sucession im Amte des Verstorbenen an. Allein der Rat zu Eilenburg hatte inzwischen die Vokation an Rinckart abgesandt „und so fügte denn unser Herr Gott, daß ich dieselbe, ehe ich in Helfta die Probepredigt abgelegt, in Gottes Namen annahm, worauf ich wegen Leibesschwachheit des 2. Diaconi M Johannis Heinrich und vorhabender Promotion des Herrn Superintendens M. Friedr. Leyser alsbald ausgang des Jubeljahrs anzog". Donnerstag vor 1. Advent, den 27. November, hielt er in Erdeborn, wo er vier glückliche Jahre seines Lebens und seiner pastoralen Wirksamkeit vollbracht, die

St.-Nikolai-Kirche Eilenburg

Abschiedspredigt. Mittwochs darauf, den 3. Dezember, brach er nach der neuen und doch alten Heimat auf. Hierbei trug er in seine Aufzeichnungen die Verse ein:
„Christe, tuo jussu laetus nova retia laxo.
Committo dubio carbasa tensa mari.
Fac bene Sionidum cedat captura sororum
Atque meae dona flabra secunda rati."

Der Chronist Simon fand diese Wunschesworte in Rinckarts Papieren vor, fügte ihnen eine deutsche poetische Übersetzung hinzu und führte sie in seinem Werke mit dem Bemerken an: „Er (R.) zog am 29. November mit diesem Wunsche an". Er hat damit einen Irrtum geschaffen, der sich seitdem durch alle Biographien hindurchgezogen hat. Denn nicht am 29. November, sondern erst am Donnerstag, den 11. Dezember, traf Rinckart mit seinen „supelectibus", wie er eigenhändig verzeichnet, in Eilenburg ein. Jener Irrtum entstand dadurch, daß Simon obige Verse dem „Lebensberichte" Rinckarts entnahm, woselbst dieser kurz vermerkte, er habe am „26. November valedizirt" und sodann den erwähnten Wunsch aussprach. In den „annales Mansfeldici" aber, welche Simon jedenfalls für seine Zwecke außer Betracht ließ, finden sich gerade jene ausführlicheren Angaben Rinckarts über seinen Abzug aus Erdeborn. Simon, der nur den Tag der Abschiedspredigt gefunden, hat allem Anscheine nach, durch ungefähre Berechnung der Reiseverhältnisse, den 29. November als Tag des Anzuges in Eilenburg kombiniert. Bei Neuantritt des heimatlichen Pfarramtes vertraute Rinckart den Papieren folgende tief empfundenen Wünsche an:
„Christe, fac ut fiam sapiens, bonus atque beatus
Et fac me, qualem me cupio, esse tibi
Daque mihi stateram labe feliciter istam.
Quae mihi si dederis: caetera nulla curo."

Weib und Kind blieben noch im Mansfeldischen zurück und kamen erst Mittwoch vor Fastnachten folgenden Jahres nach. Sie fanden bei Frau Salomes Mutter, der verwitweten Frau Rektor Morgenstern, zu Eisleben inzwischen ein freundliches Unterkommen. Der Grund, warum Rinckart vorläufig allein in Eilenburg anzog, lag in dem dortigen Neubau des Archidiakonates. Ein eigentliches Archidiakonatsgebäude gab es bis zu Rinckarts Zeiten nicht. Der Archidiakonus wohnte mit in den unteren Räumen der Oberpfarre. Vielfach aber erwarben sich auch die Archidiakonen, wie Stichel und Schalitz, Rinckarts Amtvorgänger, ein eigenes Haus in der Stadt. Erst wenige Jahre vor Rinckarts Amtsantritt schritt die Gemeinde dazu, eine besondere Amtswohnung einzurichten. Die Simon'sche Chronik berichtet: „Den Archidiacono aber hat man hernach seine Wohnung 1615, 1616 und 1617 auf dem Kirchhofe neben der Schule neuer-

Das von 1615 bis 1618 neuerbaute Pfarrhaus am Nikolaikirchhof (Foto ca. 1890)

baut, und hat Herr M. Martinus Rinckart solche am ersten 1617, als sie mehrenteils ausgebauet gewesen bezogen und bewohnet". Es handelte sich also um einen Neubau, der zu Rinckarts Amtsantritt noch nicht vollendet war. Erst mit Beginn des neuen Jahres 1618 wurde das stattliche Gebäude fertig gestellt. Dies läßt uns der geistliche Dichter deutlich erkennen, indem er in seiner Apostrophe an die Vaterstadt, in den Katechismuswohltaten, singt:

„Denn wie Du stets an mir von Wiegen an gebauet
Und mir ein neues Haus erbauet und vertrauet
So halt ich schuldig mich, zu bauen Dich mit Fleiß."

An den Rand dieser Verse setzte er die Zahl 1618. Trotz dieser klaren Angaben ging durch Elteste und Vörkel die Darstellung in die Biographien über, die Gemeinde habe das sog. „Hauptmannshaus" erworben gehabt und zum Archidiakonat umgebaut. Man gelangte zu dieser Annahme durch die von Rinckart in den Katechismuswohltaten gegebene Beschreibung von der Vertreibung der Antoniusmönche bei Einführung der Reformation zu Eilenburg. Es heißt hier:

„Die Frommen fassen auch letzt ihnen einen Muth
Und werfen einen Mann, ein frisches junges Blut,
Zu ihren Hauptmann auf, der es den Freßbäuchen lohnte
Der Nikol Voit erst hieß und dieses Haus bewohnte,
Das ich bewohn jetzund, daher es wie bekannt,
Vor vierzehn Jahren noch des Hauptmanns Haus genannt."

Nun aber bewohnte, wie hier bereits im Voraus bemerkt sei, Rinckart bei Abfassung obiger Verse, im Jahre 1645, nicht mehr seine offizielle Pfarrwohnung, sondern war in ein ihm gehöriges Privathaus übergesiedelt, so daß die Bezeichnung: „Hauptmannshaus" kaum auf das Archidiakonat bezogen werden kann. Auch ohne dies muß es sonderbar erscheinen, daß gerade nur bis „vor 14 Jahren", d. i. 1631, jene Bezeichnung sich im Volksmunde erhalten habe und dann plötzlich verschwunden sei. Endlich schließt die einheitliche Front des Archidiakonats mit den übrigen kirchlichen Gebäuden der Oberpfarre und Schule die Annahme eines früher daselbst belegenen Privathauses völlig aus. Zu Anfang des 19. Jahrhunderts befand sich über der Thüre des Gebäudes noch folgende in Stein gehauene Inschrift, deren textliche Abfassung von Rinckart herrührte:

„EXCIt eVangeLII tVba IVbILa faVsta: senatVs
SVMptIbVs haeC sVrgVnt teCta, VbI saCra, poLo.
Qui legis haec patriae, dic surgat et ipse senatus
Et ferat aeternum pro pietate decus."

Vörkel hat diese Inschrift noch am Hause gelesen und sich dieselbe abschriftlich notiert. Verwunderlicher Weise ist sie von den Biographen bisher nicht gebracht. Das Zahlendistichon, sowie der Ausdruck surgunt weisen ebenfalls auf einen Neubau des Jahres 1617 hin. Mit Beginn des 20. Jahrhunderts hat nun auch das alte Archidiakonat, samt den unmittelbar angrenzenden kirchlichen Gebäuden, einem Neubau der Pfarrhäuser weichen müssen. Nichts mehr erinnert an die Stätte, an welcher einst Rinckart seine erste Wirksamkeit zu Eilenburg entfaltete.

10. DER ARCHIDIAKONUS RINCKART

Bei seinem Amtsantritte zu Eilenburg fand Rinckart ein reges kirchliches Leben vor. Zeitiger, als in vielen anderen Städten Kursachsens, hatte sich hier die Reformation vollzogen. Männer mit klarem Geiste und gewandter Feder, wie der kluge Schuhmacher Georg Schönichen und der eifrige Buchdrucker Nikolaus Widemar, waren von Anfang an für die reine Lehre eingetreten. Bereits im Jahre 1520 konnte D. Martin Luther anläßlich eines Besuches zu Eilenburg mit dem Kurfürstlichen Rat Fabian von Feilitzsch über die Einführung der Reformation am Orte verhandeln[52]. Auch war der Rat der Stadt dem Evangelium vollkommen zugeneigt. Auf die einstimmigen Bitten der Bürgerschaft um Zusendung eines evangelischen Seelsorgers wurde ihr der Exulant M. Andreas Kauxdorff als Pfarrer durch Luther zugewiesen. Die Einführung desselben nahm der Reformator selbst im Herbste 1522 vor und vollzog zu gleicher Zeit auch die Reformation in der St. Mariengemeinde auf dem Berge vor Eilenburg, deren katholischer Kaplan, Wolfang Siegmund, zum Evangelium übertrat. Alle noch ansässigen katholischen Priester und Mönche, namentlich die verhaßten Antoniusmönche, wurden durch eine tumultuarische Volkserhebung aus der Stadt vertrieben. Durch die wiederholte Anwesenheit Luthers zu Eilenburg, das von ihm gern als „eine recht gesegnete Schmalzgrube" bezeichnet wurde, sowie durch die verschiedenen Kirchenvisitationen der Jahre 1530, 1534 und 1545, war dann das kirchliche Leben der evangelisch gewordenen Stadt weiterhin gekräftigt und geregelt worden. An St. Nikolai wurde dem Pfarrer, welcher seit 1530 zugleich Superintendent der Ephorie Eilenburg ward, bald ein Diakonus und weiterhin noch ein Archidiakonus zur Seite gestellt. Diese 3 Geistlichen teilten sich in die Amtsgeschäfte derart, daß der Oberpfarrer der eigentliche Hauptprediger war. Die Diakonen besetzten Sonntags die beiden Nebengottesdienste und teilten sich zugleich mit dem Pfarrer in die Wochengottesdienste, welche Dienstags, Donnerstags und Freitags zu festgesetzter Stunde stattfanden. Sie hatten ferner mit dem Oberpfarrer gemeinsam die Begräbnisse, dagegen für sich allein die Taufen, Trauungen und Beichten, wie Abendmahl, von welchen

Epitaph A. Kauxdorff, 1565

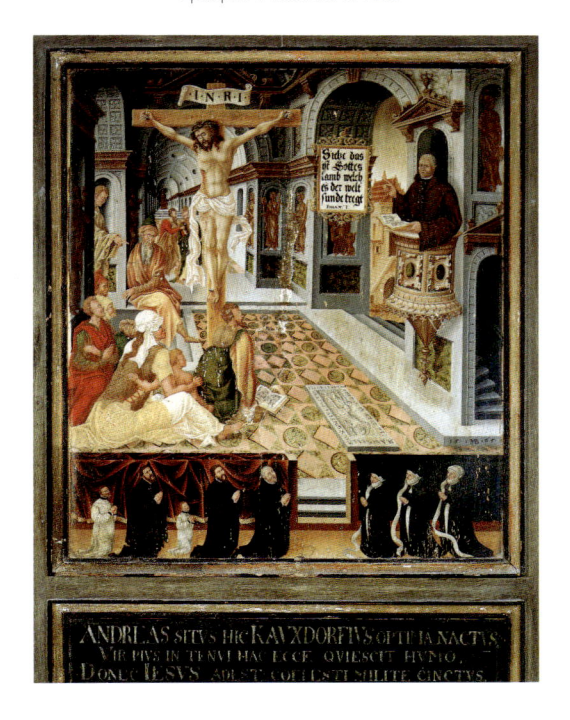

Kasualien der Oberpfarrer seiner Superintendenturgeschäfte wegen befreit war. Als Archidiakonus hatte Rinckart in seinem sonntäglichen Nebengottesdienste die sog. „Katechismuspredigten" zu halten. 32 Jahre lang hat er in dieser Weise Gemeinde und Jugend im lutherischen Bekenntnis unterwiesen und ihnen die Wohltaten der Katechismuslehre ins Herz gepredigt.

„Kommet, höret und sehet", so schreibt er, „was für hohe und große Schätze und Kleinodien in Eurem großen und kleinen Katechismus verfasset und begriffen, gegen welches alle dieser Zeit Leiden wie nichts und wie gar nichts zu achten! Denn das ist die rechte und endliche Furcht des Herrn, daß sie ein Quell des Lebens, daß sie das Herze fröhlich macht und über alles erhebet." Als eine reife Frucht solches seines Amtsberufes gab er als Greis das Werk: „Die Katechismuswohltaten" heraus, und bis an sein Lebensende nannte er sich mit Vorliebe „der Gemeinde ältesten Katechismusvater". Denn keiner seiner Amtsvorgänger hatte die Reihe seiner Amtsjahre annähernd erreicht. Auch das nach seinen eigenen Angaben gemalte Bildnis stellt ihn mit Katechismus und Feder dar. Sehr schnell fand der neue Archidiakonus Eingang in die Herzen der Gemeinde. Da der Diakonus Heinrich ständig kränklich war, blieb das Gebiet der Kasualien fast ausschließlich nur Rinckart überlassen. Tausende von Seelen sind von ihm zur Zeit schwerer Trübsal erbaut und aufgerichtet worden.

Schon im zweiten Amtsjahre Rinckarts brachen die Wirren des 30 jährigen Krieges über Deutschland herein, durch welche namentlich das Sachsenland so empfindlich betroffen werden sollte. Rinckart hatte die Vorgänge in Böhmen mit einem offenen Auge verfolgt. In warmer Anteilnahme an dem Geschicke der dortigen evangelischen Stände schrieb er in seinem Chronikon nieder:

„Nachdem die evangelischen Stände in Erfahrung gebracht, daß die friedhässigen Jesuiten bübischen Praktiken wider die Lutherischen erhoben und etliche der Kaiserlichen Offiziere aufs Prager Schloß einladen, kommen ihnen die Stände zuvor, fallen in die Kaiserliche Kantzelei und werfen 3 der vornehmsten zum Fenster heraus, vertreiben darauf alle Jesuiten aus dem gantzen Königreich als turbulatores pacis und belagern alle abtrünnige Städte. Es ist aber in diesem allen solche moderation gehalten worden, daß keinem Gewalt gethan, viel weniger aber die Religion verboten oder gefährdet worden.

Dagegen die Katholischen haben unter unschuldigen und wehrlosen lutherischen Blut, wie kaum die Türken ärger machen können, den Müttern die Kinder vor den Augen in Stücke zerhauen und sie damit ums Maul geschlagen mit ausgespeiter Gotteslästerung: „Da friß und sauff zugleich beides, Fleisch und Blut, du lutherisch Hund, wie du begehrst im Nachtmahl." Sind das Christi Jünger? Was Gott, der allmächtige, künftig thun wird, ergiebt die Zeit." So warm fühlte Rinckarts Herz! Darum findet er auch im „itinerarium" für das Jahr 1618 folgende poetische Worte:
„Clangit Evangelii tuba, sed fremit Orbis et Orcus.
Papa in Bohemos Christicolasque furit."

Im Januar 1619 kam der vertriebene Statthalter Slavata durch Eilenburg geflüchtet, um nach kurzem Aufenthalte seine Reise nach Erfurt forzusetzen. Ohne Belästigung ließ ihn die friedliche Bevölkerung durchziehen. Aber er war der Vorbote des sich mehr und mehr zusammenziehenden Kriegsunwetters gewesen. Schon kurz darauf erklangen die kaiserlichen Werbetrommeln in den Straßen der Stadt, bange Ahnungen in den Herzen der erschreckten Bürger erweckend. Der Kurfürst Johann Georg hatte es vorgezogen, zunächst „in Devotion gegen kaiserliche Majestät" zu verharren. Im März 1620 trat er dann der Liga zu Mühlhausen bei und verpflichtete sich zur Stellung eines Heeres von 15 000 Mann. Wiederum hörte man zu Eilenburg den Klang der Werbetrommeln. Viele Stadtkinder folgten dem Rufe. An 300 Mann Fußvolk zog unter einer Fahne hinweg. Der Archidiakonus Rinckart hielt den Scheidenden einen ergreifenden Gottesdienst ab. Auch sonst sah Eilenburg bewegungsvolle Tage. Durchzüge von großen Söldnerscharen fanden statt. Rinckart berichtet von 4000 Mann, welche am 1. und 2. August durch die Stadt nach Mühlberg zum Generalquartier zogen. Ausgedehnte Lager wurden auf den Wiesen vor den Toren der Stadt aufgeschlagen, und dahin mußten die Bürger Fleisch, Brot und Bier schaffen. Bald machte sich Unruhe und Unsicherheit geltend. Denn viel lichtscheues Gesindel pflegte den Truppen zu folgen. Dazu kam das immer mehr zunehmende Falschmünzerwesen:

„Styx coquit et recoquit falsas impune monetas."

In Salomon Müllers Behausung war, wie Rinckart berichtet, am Montag nach Trinitatis

St. Nikolai-Kirche Eilenburg, um 1900,
Fotografien aus dem Stadtmuseum Eilenburg

Blick zum Chorraum

Blick zur Orgel

1622 eine Falschmünze gegründet worden. Eine Gesellschaft, die sich bereichern wollte, brachte das gute sächsische und anderes Geld an sich und prägte daraus minderwertiges. Die „Herrn von Kipphausen" – von „kippen", beschneiden – nannte das Volk diese Art Geldhändler. In welch verbrecherischer Weise das Geld beschnitten und entwertet wurde, beweist die Tatsache, daß an einem Gulden täglich 21 Groschen Profit gemacht wurden. Die Folge der Geldentwertung machte sich bald geltend. „Die unerhörte Teuerung stieg von Tag zu Tag, von Woche zu Woche." Nach Rinckarts Angaben hatte der Taler nur noch 10 Gulden, die neuen Engeltaler 5 Gulden Wert. „Das Faß Bier kostete 25 Gulden, die Kanne Bier 2 Gulden, das Pfund Fleisch 3 Gulden." Das gute Geld war völlig rar, und mit der leichten Münze spielten die Kinder auf der Straße. „Um wieviel kommen", klagt der treue Seelsorger, „unmündige Kinder, die nicht wissen was Recht und Unrecht, viel weniger, was Gewissen ist? Um wieviel mehr tausend Arme, sowie die Kirchen? O Christe, Du Richter des lebendigen Fleisches, was haben diese getan!" Endlich beschlossen der Superintendent Leyser und der Archidiakonus Rinckart, offen auf der Kanzel ihre Stimme gegen das herrschende Unwesen zu erheben. Während Leyser im Hauptgottesdienste am Dom. Septuagesimae, den 9. Februar 1623, auf Grund des Evangeliums (Matth. 20, 1-6) über das Verhältnis von Arbeit und Lohn predigte, wählte sich Rinckart am selbigen Sonntage für seine Katechismuspredigt das 7. Gebot zur praktischen Auslegung. Der Ton der beiden Predigten war ein scharfer. Durch ihn fühlten sich auch die Kreise des Rates der Stadt getroffen, welcher die Besoldung der Geistlichen ebenfalls nur mit leichter Münze vornehmen konnte. Denn nur aus den Kreisen der Ratsfreunde, nicht des Wuchergesindels, wie Linke schreibt, wurde die Anklage gegen Rinckart erhoben. So kam es, daß man sich über Leyser und Rinckart bei dem Kurfürsten beklagte. Namentlich bei Rinckarts Verklagung machte man geltend, daß dieser „eine Galgenkette von 27 Flagitiis geflochten und, nachdem er das flagitium defraudatae mercedis dahin gerechnet, gesagt, daß diejenigen, die die auf alte schwere Münze berufenen Kirchen- und Schuldiener besolden wollten, gleichfalls daran gehörten." Der Kurfürst forderte das Konzept der Predigt ein und entschied dann zu Gunsten Rinckarts. Auch Leyser wurde glänzend gerechtfertigt.

11. LEID UND FREUD IM GEISTLICHEN HAUSE

Zu dem mancherlei Ärger, welcher für Rinckart zu dieser Zeit aus seinem Amtsleben erwuchs, trat nun auch häusliche Trübsal. Am 2. Mai 1619 war ihm eine Tochter geschenkt worden, welche der glückliche Vater mit dem Namen der Gattin als Christine taufte. Aber schon nach 4 Monaten, am 26. August, wurde den Eltern das Kind wieder genommen. Und wenige Tage darauf, am 29. August, mußten sie auch ihren Erstgeborenen, Martin, hergeben. Beide Kinder starben an Dysenterie. Der Superintendent Leyser hielt die Grabreden, und zwar für Christine über Marc. 10, 14: „Lasset die Kindlein zu mir kommen" und für Martin über 1. König. 17, 19: „Gib mir her Deinen Sohn". Der Schmerz des Elternpaares war ein außerordentlich großer. Wir ersehen dies aus Rinckarts damals abgefaßter Schrift: „Jobs christliche, wirkliche und wunderbare Kreutz-Schule". Linke fand diese Schrift erst nach Vollendung seiner Biographie auf. Graubner erwähnt sie gar nicht. Das Werk ist den Familien des Ratskämmerers Bohr und des Geleitsmannes Osterheld gewidmet, welchen beiden der Tod ebenfalls die Kindlein geraubt hatte.

Es gehört zu den erbaulichsten Schriften, welche wir aus Rinckarts Hand kennen. Es enthält in seinem ersten Teile die Epitaphia und Epigrammata, welche der Vater seinen verstorbenen Kindern widmete, sowie tief inbrünstige Gebete der Elternherzen zu Gott um Trost und neuen Frieden. Wie sinnig und herzlich hierbei Rinckart seine Ehegattin zu trösten und aufzurichten verstand, zeigt eine zum Christfest „a Martinulo ex academia seraphica" an „die herzliebste Mutter" gerichtete „Christbeschreibung", welche mit den Worten schließt:

„Drumb, o herzliebstes Mütterlein,
Thut auf, thut auf Eures Herzens Schrein
Und leget diesen Trost hinein,
Und begrabt sammt meinen Väterlein
All Euren Kummer und Herzeleid.
Ja, hebt auf Eure Hände beid
Und danket Gott zu Tag und Nacht,
Der Euch und uns so selig acht!"

Die Gatten sehnten sich nach neuen „Ehepflänzlein." Martin gelobte, den Herrn öffentlich preisen zu wollen, wenn er ihm, wie einst Hiob, vollen Ersatz gäbe; Christine aber legte ein Hannagelübde ab. Da wurden sie am 15. Mai 1621, Dienstags vor dem Pfingstfest, durch die Geburt eines Sohnes erfreut, welchen sie „dem Herrn Christ zu schuldigen Dank in guter Sprach und Hoffnung" Samuel benannten. Auch mit diesem Kinde hatten die Eltern frühzeitig viel Mühe und Sorge. Wenigstens berichtet Samuel in seiner späteren eigenen Lebensbeschreibung, daß man ihm das zeitliche Leben abgesagt habe und „ein gewisser Pinovius – Lic. med. et. phil. doctor – aus seiner nativitas judiziert, er werde kaum das 7. Lebensjahr erleben oder aber sehr großes Unglück ausstehen müssen". Am 24. August folgenden Jahres, an einem Sonntage, folgte als voller Eheersatz eine Tocher nach, von den Eltern Anna Dorothea „als die rechte holdselige Gottesgab" benannt. „Hab also mein goldenes Jobs ABCD vor und rückwärts durch Gottes Gnad wohl studieret. Vor mars also: Abstulit Benedictus Christus Dominus, item: Abstulit,

Benedictus, cui dedit, rückwärts aber also: Dedit, cui, Benedictus, abstulit."

Lauter Jubel und Dank brach aus den Elternherzen hervor:
„Wie Du sie uns bescheert,
So seien sie Dir beide wieder verehrt.
Laß sie nach Deinem Willen und Wort
Ewig dienen, hier und dort.
So wollen wir Dich mit Herzen und Munde
Loben und preisen zu aller Stunde,
Mit Thun und aller Heiligen Schaar.
Amen! Das werde ewig wahr."

Die Eucharistika, welche auf diese Weise entstanden, bilden den zweiten Teil der „Kreutz-Schule". Rinckart ließ dies kleine Werk unter dem Motto: „Ich habe Dir, Gott, gelobt, daß ich Dir danken will, (Ps. 56, 13)" noch in demselben Jahre erscheinen. Sehr bald freilich wurde ihm die kleine Anna Dorothea wieder entrissen, am 12. August 1624, „nach dreitägiger Krankheit, paroxismo epileptico, so das Zahnweh sein sollte". In frommer Ergebung fand Rinckart Trost. „Sicut deo placuit, ita factum est. Sit nomen Dei in aeternum benedictum!" Auch diesem Leide folgte neue Freude. Schon nach kurzer Frist, den 24. September, wurde den Eltern ein Töchterchen geboren, – wieder war es ein Sonntagskind – welches den Namen Salome nach Rinckarts eigener Mutter empfing. Diese erlebte an dem Tauffeste ihre letzte große Freude. Nur wenige Wochen darauf, am 19. Oktober, ging auch sie selig heim.

In Eilenburg grassierte damals die Pest. Sie war vom Lande aus, wie Rinckart erzählt, zuerst nach seiner Mutter „Mietshaus" – gemeint ist das Matthäus Schützesche Grundstück am Kirchplatze – eingeschleppt worden.

„Daraus sind 6 Personen gestorben und zuletzt auch meine liebe Mutter. Sie starb im Werke der Barmherzigkeit, die sie den angesteckten Leuten wissend oder unwissend erzeiget." Hiermit übereinstimmend berichtet das Kirchbuch von 6 an der Pest verstorbenen Personen für den 24. September und folgende Tage. Unter dem 20. Oktober lautet die Eintragung: „Begraben Fr. Salome, Matthäus Schützens Witwe. gest. peste". Die Grabrede hielt ihr Superintendent Leyser über 1. Timoth. 4, 7: „Übe Dich selbst an der Gottseligkeit". Wir wissen aus dem schon früher Gesagten, wie innig Rinckart seine treue Mutter liebte. Um so schmerzlicher mußte ihn das ungeschwisterliche Verhalten seines Bruders Bernhard berühren, das bei der Mutter Tode zu Tage trat. Bernhard, seit etwa Jahresfrist Kantor an St. Nikolai, übernahm bei der Erbschaftsverteilung das ihm bequem gelegene mütterliche Haus am Kirchplatze. Nun hatte die Mutter Salome noch bei ihren Lebzeiten in diesem Hause dem blöden Sohne Georg „mit gewisser und christlicher Disposition" ein bleibendes Asyl ausgemacht. Der Bruder Kantor aber „despektierte solche Bestimmung und verstieß darüber den Blöhden am Bettelstabe. Das hat mir das ganze Jahr über große Mühe und das größte Herzleid gemacht, das ich auf Erden gehabt". So fand denn Georg bei dem Archidiakonus ein gastliches Heim. „Es hat aber der Allmächtige den Blöhden, so man auff Erden nicht hat leiden können, zu seiner ewigen Gnade auffgenommen noch am 27. Oktober des ablaufenden Jahres." Bei seiner Beerdigung hielt ihm 1626 Superintenden Leyser die Leichenpredigt über Daniel 4, 13 u. 14f. – „Das viehische Herz". An Stelle des verstorbenen unglücklichen Bruders stellte sich in Rinckarts Hause am 23. August 1628 Ersatz durch Geburt einer Tochter ein, welche der Vater – „deo et mihi soli nota de causa" – Anna Sophia taufte.

Bei all den mancherlei Leiden und Freuden, welche sich so durch Rinckarts Heim hindurchzogen, war er selbst literarisch außerordentlich tätig. Zum 100jährigen Gedächtnis des Wormser Reichstages verfaßte er das vierte Stück der Lutherhextalogie: „Lutherus Magnanimus". Im Druck erschien das Stück nicht, doch erfahren wir aus unseren Papieren, daß es „allhier in patria am 7. und 8. September 1625 mit guten Contento agirt" worden ist. Auch zu Altenburg wurde das Stück nach Angaben dortiger Schulakten aufgeführt. Das Drama selbst ist verloren gegangen. Da Rinckart im Monetarius III, 8 auf eine verloren gegangene comoedia praecedens hindeutet, so muß der Verlust der Lutherus magnanimus schon in die Lebenszeit des Dichters fallen. Im Jahre 1624 folgte das Lutherschauspiel: „Monetarius seditiosus" oder „Der Müntzerische Bauernkrieg". Die wirkungsvollste Scene dieses Dramas ist diejenige des 4. Aktes, woselbst die Bergleute aus den Schächten hervorbrechen und die Bauern in die Flucht schlagen. Die Entstehung und Abfassung der „Kreutz-Schule" haben wir schon erwähnt.

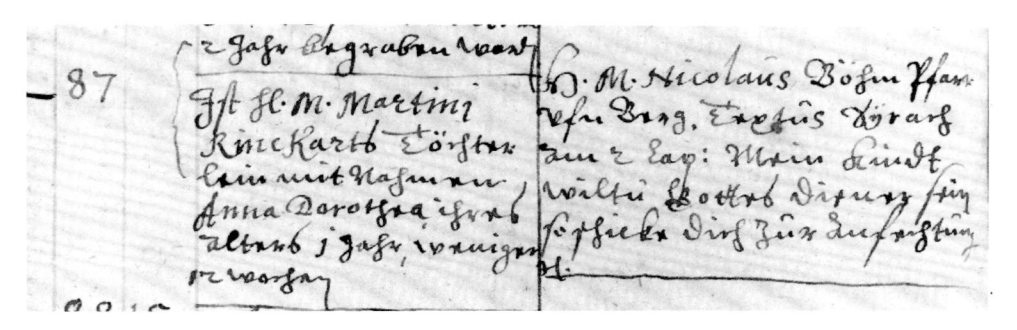

Sterberegister 1624 Nr. 87 – 13.8.1624: Ist H. M. Martini Rinckarts Töchterlein mit Nahmen Anna Dorothea ihres Alters 1 Jahr, weniger 12 Wochen begraben. Leich-Predigt: H. M. Nicolaus Böhm, Pfr. ufn. berg. Textus Syrach z, 2. Cap-: Mein Kind wiltu Gottes Diener sein, so schicke Dich zur Anfechtung.

Sterberegister 1626 Seite 85 Nr. 81 – 29. Okt. 1626: Ist der Blöde George rinckart begraben seines Alters 46 Jahr Leich-Predigt: Herr Friedrich Lyser S.S. Theologia D. Süp. Textus Daniel zum 4. Cap.
das … Hertz soll von ihnen genommen werden.

12. RINCKARTS BRAUHAUS

Unter der Überschrift: „Mein Haußkauff zu Eilenburg" bietet uns Rinckart in den Manuskripten folgende überraschende Darstellung dar. „Den 8. Dezember 1624 habe ich Nicolai Penicke, Materialisten allhier, sein Hauß in der Speisergasse erblich abgekauft umb und für tausend und fünfzig Gulden in Jahr und Tag zu entrichten. Auf welches Hauß mir ein E. Rath mit Vorbelaß und einheiliger Verwilligung der ganzen Bürgerschaft die Braugerechtigkeit verehret und mir Bier daraus folgen lassen, so ich erblich erkauft von meiner Mutter um und für 300 Gulden. Zu welchem allen Gott Gnade und Segen gebe!"

Die Bierbrauerei stand in Eilenburg seit Alters her in Blüte. Das mittelalterliche Weichbild der Stadt deutete durch die ausgebreiteten Hopfengärten „im Tale", in „der Hinterstadt", sowie in der „Kültzschauer Flur" für jedermann sichtbar an, daß im Inneren des Ortes das Braugewerbe im Gange war. Besonders, seit Bürgermeister Kuno 1525 den Bergkeller errichtete, genoß das Eilenburger Bier den Ruf dauerhafter Frische.

Weit über Leipzig und Halle hinaus wurde es in großen Tonnen ausgeführt. Zur Zeit Rinckarts gab es etwa 14 brauberechtigte Häuser. Besondere Ordnungen bestimmten Zeit und Quantität des zu brauenden Bieres. Für Rinckart, dessen Mutter von ihrem ersten Manne her eine Braugerechtigkeit besaß, fiel es nun nicht schwer, sich auf die angegebene Weise ein eigenes Brauhaus zu begründen. Der Gedanke, als Geistlicher das gehaltliche Einkommen noch durch den Nebenerwerb der Bierbrauerei zu erhöhen, war nicht eben neu. Schon die Protokolle der Kirchenvisitation zu Eilenburg vom Jahre 1530 erwähnen einen derartigen Bierausschank der Geistlichen, indem sie ihn zugleich verbieten: „Der Pfarrer soll sich ungebührlicher Handlungen mit Bierschank enthalten, doch soll ihm für seine Hausnoth zu brauen nicht unbenommen sein". Dies Verbot scheint indessen in der Folgezeit in Vergessenheit geraten zu sein, da bereits 1596 der Archidiakonus Daßler sich „ein Brau- und Malzhaus" in der Stadt anlegt. Noch im Jahre 1682 besagt laut Akten der Eilenburger Kantorei-Gesellschaft ein Konventsbeschluß „daß die Herren Geistlichen hinführo pro introitu nicht mehr als ein Viertel Bier solange sie nicht Häuser mit Bieren haben, nachdem sie aber dergleichen Häuser bekommen, das andere Viertel noch entrichten sollen". Bei dem Charakter jener Zeit nahm man an der bürgerlichen Nebenbeschäftigung eines geistlichen Würdenträgers keinen Anstoß. Für Rinckart aber wurde sein Brauhaus die Quelle einer mehr und mehr sich steigernden Wohlhabenheit. Und dies, sein Privateinkommen, setzte ihn zu Zeiten späteren höchsten Elends im 30jährigen Kriege in den Stand, seiner Gemeinde ein Helfer und Retter zu werden. Rinckart blieb als Archidiakonus zunächst auch weiterhin in seinem Pfarrhause wohnen, während er das Brauhaus kundiger Verwaltung unterstellte. Am 18. Februar 1625 aber wurde ihm durch Bürgermeister Pape „nach abgegebenem Handschlag an Eidesstatt das Bürgerrecht verliehen.

13. DAS EXULANTEN-JAHR 1628

Die politische Lage des Sachsenlandes war inzwischen immer mehr durch Kriegsunwetter getrübt worden. DieUnsicherheit in Stadt und Land mehrte sich erschreckend, und die Zügellosigkeit und Sittenverderbnis des Volkes war besorgniserregend. In der Eilenburger Superintendentur wurde eingebrochen und bei 3000 Taler Geld entwendet. Der Kurfürst hatte zwar Bußpredigten für das ganze Land angeordnet, fügte aber durch seine Neutralität dem beklagenswerten Landesgebiete die tiefsten Wunden zu. Das von ihm auf dem Kurfürstentage zu Mühlhausen 1627 eingereichte Material gegen „die Insolentien der undisciplinirten Soldateska" war ein beredtes Zeugnis dafür, wie sehr Dörfer und Kommunen seines landesherrlichen Distriktes von den kaiserlichen Truppen ausgesogen worden waren. Dennoch meint Rinckart in seinen Aufzeichnungen: „Unser Chur Sachsen ist noch bis dato zwischen den Böhmen und Königischen ganz neutral, außer allen Zweifel aus triftiger Ursache, wie die Zeit wird lehren". Wie bald lehrte die Zeit eine andere Sprache! Furchtbar lauteten die Berichte, welche Exulanten, Obdach und Hilfe suchend, über die Schrecknisse des Krieges mit nach Eilenburg brachten. Hier war seit 1622 an der Bergkirche der M. Wenzeslaus Fehrmann als Substitut angestellt. Auch er war ein böhmischer Exulant, der die ihm bekannten Kreise nun wohl nach sich zog. Rinckart trug den fremden Glaubensbrüdern, die um des Bekenntnisses willen Haus und Hof, Familie und Amt verlassen hatten, ein warmes Empfinden entgegen. Er widmete solchen „standhaften und Geistfreudigen Bekennern der evangelischen Wahrheit" am Neujahrstage 1628 einen trostreichen Glückwunsch in der Schrift „der Evangelischen Pilgrim Güldener Wanderstab".

Lokalgeschichtliche Bedeutung hat das Exulanten-Jahr 1628 – von Rinckart als „annus exulantis in Germania Jesu filii Dei" bezeichnet – dadurch für uns, daß in ihm zwei Ereignisse zu Eilenburg stattfanden, über welche wir erst jetzt, nach Auffindung der Manuskripte, genügende Aufklärung erhalten. In diesem Jahre nämlich wurden sowohl der Nikolaiturm als auch der Torgische Turm einer Renovation unterworfen. Die Berichte, welche der Chronist Simon hierüber gab, als auch die Mitteilungen, welche 1833 aus Anlaß der Reparatur des Knopfes auf dem Stadtkirchturme veröffentlicht worden[53], ließen manche Unklarheiten bestehen. Nun erfahren wir durch Rinckart selbst: „In diesem Jahre sind im Augusto und Septembri beide Thurmknöpfe, der auf dem Torgischen Thurme und der auf dem großen Kirchthurme, abgenommen, vergüldet und wieder aufgesetzet. In diesem großen Knopf hat man nicht mehr gefunden an Geld, als einen Heller, und Briefe, die der damahlige Gerichtsnotarius geschrieben: Johann Martinus, daß der Stadtteil 1535 abgebrannt, darauff die Kirche reparirt, der Thurm um ein halbes Geschoß erhöhet und dieser Knopf, aufgesetzt ao. 1539. Es ist aber der (neu aufgesetzte) Kopf), wie ich ihn selbst gemessen, in der Höhe eine Elle, weniger ein Zoll, in der Breiten aber beinah 4 $^{1}/_{2}$ Elle, und ist in demselben, beides vom Ministerio und Rath, allerlei schriftlich beigelegt worden, was sich bisher in den vielen Jahren begeben und zugetragen, wie

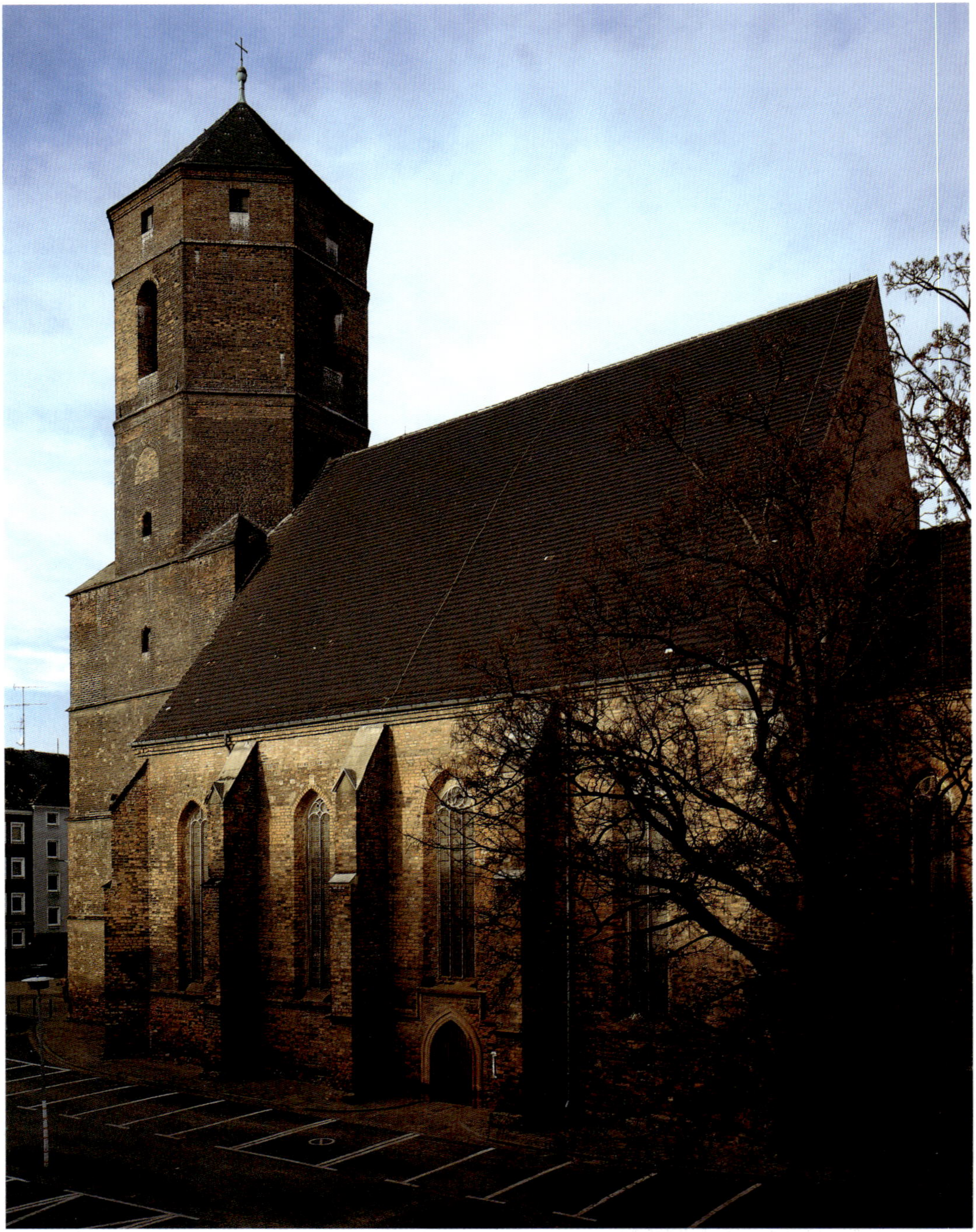

auch meine Hand darin zu finden. Nachdem aber dieser große Thurmknopf zwischen den 6. und 7. November zu Mitternacht durch ein großes Sturmwetter abgeworfen, denn die Stange war von 2 Stücken zusammengeschmeißt, und die Fahne fast noch einmal so groß, als sie jetzt ist, ist er in dem anno 1629, den 25. Aprilis wieder aufgesetzet worden, wie er jetzund stehet. Gott gebe, daß er lange in Frieden stehe und sehe, was ich ihm gewünscht habe zu sehen!" Laut Inhalt dieses Rinckartschen Berichtes hatte er handschriftliche Einlagen für den Turmknopf verfaßt. Und in der Tat wurde noch 1833 ein Epigramm vorgefunden, welches die Unterschrift trug: „Hac spe posuit Ao., indigitato Cal. Sept. M. Martinus Rinckart, ex genere Ilebergensium perantiquo; ecclesiae patriae Archidiac. Et reposuit qui sperabatur eXVLantIVM redItVs et LIberatIo. Jd. R. 1629". Nicht genügend klar blieb bisher in den Angaben dieses Dokuments die Bemerkung, daß es zum zweiten Male eingelegt worden sei. Der Chronist Simon hatte über den großen Wettersturm, welcher den Turmknopf der Stadtkirche wieder herunterwarf, nichts berichtet. In den Prozeßakten erzählt Rinckart über diesen Vorfall ergänzend, daß ihm der herunterstürzende Knopf das Dach seiner Amtswohnung eingeschlagen und auch sonst das Haus schwer geschädigt habe.

Vermutlich hatte der Dichter für den Turmknopf noch eine andere Einlage bestimmt. In dem Gräfeschen Familienschatz befindet sich nämlich ein kunstvoll geschriebenes Dokument, welches die Überschrift: „Novantiqua Eilenbergica" trägt. Die Unterschrift lautet: „Sic precatus posuit in amorem et honorem patriae M. Martinus Rinckhard, eccl. patriae Diac. Ao. reparatae salutis 1627". Betrachten wir den Wortlaut dieses Schriftstükkes, so behandelt derselbe in lateinischen wie deutschen Versen die Geschichte Eilenburgs von seiner Gründung ab, bis zum Jahre 1545. Ein näherer Vergleich der beiden Versreihen führt zu der Annahme, daß die lateinischen Verse offenbar eine freiere Übersetzung des nach seiner ganzen Spracheigentümlichkeit weit älteren deutschen Gedichtes sind. Das wollte wohl auch Rinckart selbst zum Ausdruck bringen, indem er dem poetischen Chronikon die Überschrift „Novantiqua Eilenbergica" gab. Besonders interessant ist nun an diesem Doppel-Epigramm, daß die deutschen Verse fast wörtlich mit denen eines in der Chronik der Stadt Eilenburg von Fr. Ferd. Gundermann erwähnten Gedichtes übereinstimmen. Der Chronist schreibt hier: „In dem ältesten Kirchbuche (d. ao. 1548) der Nikolaigemeinde findet sich nachfolgendes Gedicht. Der Dichter ist unbekannt geblieben". Und nun folgt der Wortlaut der Dichtung. Leider sind in unbegreiflicher Weise die gesamten ältesten Kirchenbücher der Nikolaigemeine von Gundermann, welcher zugleich langjähriger Kirchenbuchführer an St. Nikolai war, vernichtet worden, nachdem er zuvor wortgetreue Abschriften angefertigt. So ist auch die Handschrift und damit wohl auch das Original jener im Kirchenbuch befindlichen Dichtung verloren gegangen. Rinckart, welche dieselbe noch kannte, brachte in den „Novantiqua Eilenbergica" ihren Wortlaut handschriftlich wieder, um denselben durch Einlage in den Turmknopf für alle Zeit zu erhalten. Zu gleicher Zeit fertigte er, ganz dem Geschmacke und Gebrauche seiner Zeit folgend, eine lateinisch poetische Übersetzung an und setzte mit frommen Segenswunsche seinen Namen darunter. Wahrscheinlich fällt die Anfertigung des Doppel-Epigramms in den

Ausgang des Jahres 1627, als bereits die Reparatur des Stadtturmknopfes in Aussicht genommen war. Wenn dann die Einlegung in den Knopf unterblieb, so geschah dies wohl deshalb, weil bereits aus noch anderen älteren Urkunden durch den Stadtschreiber weitläufige Nachrichten eingelegt wurden, zu welchen auch die gesamte Geistlichkeit weitere Beiträge hinzufügte. Wir können es uns nicht versagen, die besagten „Novantiqua" hier folgen zu lassen, damit dieselben auch für spätere Zeiten im Interesse der Geschichte Eilenburgs erhalten bleiben. (Siehe Tabelle A auf Seite 67)

Auch für den Torgischen Turmkopf hatte Rinckart eine Einlage abgefaßt. Als der baufällige Torturm, lange Zeit hindurch als sog. „Bürgergehorsam" benutzt, im Jahre 1800 abgetragen wurde, gingen die dabei vorgefundenen Dokumente zum großen Teil verloren. Dennoch ist es uns durch einen glücklichen Zufall gelungen, auch dieses, im J. 1628, abgefaßten Epigrammes von Rinckarts Hand wieder habhaft zu werden. Sein poetischer Inhalt stimmt genau mit demjenigen der Einlage für den Kirchturmknopf überein. Nur die Unterschrift lautet anders. Wir lassen auch diesen Wortlaut folgen:

„SUB ADIUTORIO
ALTISSIMI
Anno
EXVLantIs In GerManIa IesV fILII DeI
†
QVanDo apICeM VrbIs apeX Papa, nonPapa,
poneret, atra
In patrIIs sese frangIt ErInnys agrIs.

Da Teutschland sich bemüht, sein Mörder selbst zu sein,
Gesetz, Herd und Altar legt in die Asch hinein!
Sich in sich selbst auffraß, durch blutiges Beginnen,
Und nun ins zehnte Jahr, nicht eins davon hielt innen,
Setzt Bürgermeister Pap den Knopf auf diesen Thurm,
Der soll auslaufen sehn über Welschen Papst den Sturm.
    Ita sperabat et precabatur
    bis designati anni M. Junio
    M. Martinus Rinckart,
    Ecclesiae patriae Ilebergensis
    tunc temporis Archidiaconus."

Auch an einem geschichtlichen Werke, das den Titel trug: „Zehnfacher biblischer Lokal- und Gedenckring oder Gedenckzirkel", hatte sich Rinckart zu jener Exulantenzeit versucht. Linke charakterisiert die in Druck erschienene Schrift als „ein Werk von solchem Fleiße, daß es das Maas alles Staunens hinter sich läßt". Nach dem zeitgenössischen Urteil des M. Fiedler zu schließen, muß es allerdings eine hochbedeutsames Buch gewesen sein. Fiedler schreibt unter d. 11. Dezember 1648 an Daum hierüber: „Vidistine ejus ... biblischen Gedenkring oder Zirkel? – excidit titulus; quamvis opusculum hic sit, in multorum manibus". Kaum mit dieser schriftstellerischen Arbeit fertig, begann Rinckart für die herannahende 100jährige Gedenkfeier der Augsburgischen Konfession den sechsten Teil der Lutherhextalogie zu schreiben: „Lutherus Augustus".

(Tabelle A)

"Novantiqua Eilenbergica."

		Anno vor Christi Geburt 17. (N. B. Mag derivirt werden von Julio, von Ilba, Ilvone, Ilungis oder vom Eilen. So benimmts seinem Alter gar nichts.) Nach Christi Geburt:
	Mitten in der Mulde ein Städtlein leit,	
	Wie eine kleine Inßul ausgebreit,	
	Welches mittel Zweck und Landstraß weist,	
	Wenn man von Torg auf Leipzig reist,	
	An einem alt und hohen Schloß,	
	Das Julius, der Kaiser groß,	
	Durch seiner römischen Hauptleut ein'n,	
	Mag Drusus oder Ilba sein,	
	Ein siebzehn Jahr vor Christi Geburt	
	Zu einer Burckwart in Eyl auffgeführt,	
	Als er die Teutschen überwandt,	
	Daher es Eilenburk genannt.	
	Denn Müldenau, wies erst geheißen,	
	Nunmehr fast männiglich vergeßen.	
	Diß Städtlein von Widkindo her,	
	Ueber 800 Jahr nunmehr,	800
	Fast stets beym Hauße zu Sachsen blieben,	
	Durch Gottes Gnad und Wohlbelieben.	
	Vom ersten Keysr außem Sachsen Stamm,	930
	Dem Vogler, es Stadtrecht bekahm.	
	Am Pfarrlehn erweist Ihm groß Gnad	
	Der erste Markgraff zu Meißen, Conrad.	1150
	Otto, dem Gott reichthumb vertraut,	
	Außm Bergwerk die ersten Mauern baut.	1174
	Sein Sohn, Dietrich von Eilenberg,	
	Groß Pfarrgut wand auffm Petersberg.	1180

Urbs jacet in media, velut insula parvula, Mulda,
   Qua medius Torgae et Lipsidos umbo tumet.
Lipsia, dives opum, Taucbae de montibus arcem
   Eminus, ex silvis moenia Torga videt.
Arcem Alemannorum victor, duce Julius Ilbá
   Condidit, ante ortus Christi, Homo-Dive, tuos.
Hinc arcem atque urbem Juli vocat „Ilveo-Burgem",
   Nonnen enim a Muldae flumine dedidicit.
Hanc Witirindiacae prope tertia secula gentis
   Certatim illustres exoluere duces.
Civica jura auceps dedit Induperator; at aras
   Conradus jacit Marchiadum altus apex.
Moenia prima Otto posuit, cognomine dives,
   Tempestas fuerat tum pretiosa Tagi.
Hinc Dedo Marchiades plus centum jugera campi
   Addixit monti, Petre, dicata tuo.

Hanc a Bohemis urbem magno aere redemit	Markgraf Wilhelm, Cocles, genannt,	1195
Marchio Guilelmus, nomine reque Cocles.	Erkaufft es aus der Böhmer Hand.	
Hanc undis, bello et pecudum cum tabe labantem	Friedrich der freudig mit'm Anbiß,	1316
Admorsae erexit cura paterna genae.	Ihm väterliche Gnad erwieß.	1318
Electoris opus Placidi venerabile templum est,	Da sichs durch Wassersnoth, Vihsterben	1445
Cui bis flamma vorax, ter nocet agmen aquae.	Und Krieg bald gar neigt zum Verderben.	
Fundum etenim hic Dotalitium sibi Margaris Austris	Churfürst Friedrich, des Kinder entführt,	
Illius elegit lecta Marita ducis.	Halff, daß die Kirch ward auffgeführt,	
Sed longe ante alios hic est meritssimus omnes	Die gehabt fünffachen harten Stand:	
Elector; nomen qui sapientis habet.	Dreimahl im Wasser, zweimahl im Brand,	
Hoc duce campanis sacra surgit ad aethera turris,	Da seine Gemahlin aus Östereich	
Hoc est murorum vis reparata duce,	Ihr Leibgeding da hatte gleich.	
Hoc duce musarum sedes et curia structa est;	Vor allem aber hatte Preiß	
Curia at heu lustris bis reparanda tribus.	Dißfalls Churfürst Friederich der Weiß,	1496
Hoc duce restituit, magno assurgente Luthero,	Unter dem der Kirchthurm auffgeführt,	1500
Jhoca Pater sanctum religionis opus.	Unter dem die Stadtmauer reparirt,	1505
Furticum heic Adytum mentiti et numina gestus	Unter dem neugebaut Schuhl und Rathauß,	1514 u. 21
Stravit et Antoni turbida turba sues.	Das über vierzehn Jahr brand wieder auß,	
Hoc duro abscondi Cerevisia coepit ab actu	Unter dem Luther reformirt,	
Sub promontorio, dulce refrigerium:	Dem Eilenburg eilend parirt,	
Dulce refrigerium rapido adventantibus aestu,	Die Antonius Schwein Mores lehrt,	1521
Quos via per rectum regia ducit iter.	Ihr Schalckbild und Diebeslöcher zerstört.	
Ex illo in praesens res prica et publica saeclum	Ja, unter dem und mit dessen Abgang	
Crevit et aeternis aucta subinde bonis.	Und des Bauernkrieges Untergang	1525
	Man auch zu recht glückseligen Stunden	
	Die frischen Keller im Berg erfunden,	
	Die manchen Wanderer mühd und laß	
	Erquicken an der freyen Straß.	
	Wie denn göttliche Majestät	
	Von dannen an Kirch, Schuhl und Stadt,	
	Zugleich mit seinem lieben Wort	

Incendi clades reparatque Ruperta Cicatrix.
   Ornat et ansiferum cetera tota domus,
Solamenque mali Lutheri contio praestat:
   Contio nonnullo non memoranda die.

Saxonum aeternos domus inclyta floreat annos,
   Crescat et aeternis insula parva bonis.

1535

„Merklich gesegnet fort und fort.
Den Brandschaden, den gestanden auß
In solcher Zeit Kirch und Rathauß,
Mit gnädigster Steuer zu statten kahm
Der löblichste Churfürst mit der Schramm,
Und Luther, der teutsch Prophet,
Mit seiner Predigt, die er dort thät.

1545

Gott halt und walt mit Gnaden allzeit
Ueber dieß unser christliche Obrigkeit
In dero Schutz und Schirm wir stehen.
Mit Leib und Seelen wohlergehen,
Laß unverwelklich blühn und wachsen
Die löbliche Raut im Hauß der Sachsen
Und unser gantzes Vaterland
Und die kleine Inßul obgenannt.

Sic precatus posuit in amorem et bonorem patriae

M. Martinus Rinckhard, *eccl. patriae Diac.*

Ao. reparatae salutis 1627."

14. DIE ENTSTEHUNG DES LIEDES „NUN DANKET ALLE GOTT" IM JUBILÄUMSJAHR 1630

Selten ist wohl eine Jubelfeier mit so bangem Herzen begangen worden, als es mit dem Jubiläum der Augsburgischen Konfession im Jahre 1630 der Fall war. Die Schwüle drohender kaiserlicher Exekution lag überall auf den Gemütern in Kursachsen. Dennoch hatte der Kurfürst selbst seine evangelichen Untertanen ermuntern lassen, die Jubelfeier der Übergabe evangelischen Bekenntnisses zu Augsburg, möglichst festlich zu begehen. Die Tage vom Freitag, den 25. Juni, bis Sonntag, den 27. Juni, waren als Feiertage bestimmt. So beging man denn auch zu Eilenburg die festlichen Tage durch Glockenklang und Gottesdienst. „Anno 1630 haben wir zu Eilenburg und im ganzen Lande das Augsburgische Jubeljahr öffentlich, fröhlich und glücklich gehalten", lautet die Niederschrift Rinckarts. Hochwichtig ist nun für uns folgende Eintragung, die sich unter der besonderen Aufschrift „25, 26, 27 Juni 1630" in den Manuskripten findet: „Daß diese und etliche folgende Wunder-Freudentage die fröhlichsten gewesen, die ich auf Erden gehabt, wird bezeugen alles, was ich daran gethan, geredet und geschrieben habe, sonderlich aber 4 Parodia". Von außerordentlichem Werte ist uns diese Notiz für die Bestimmung der zeitlichen Entstehung des Liedes „Nun danket alle Gott". Die Bezeichnung „parodia" wurde zu Rinckarts Zeiten vielfach, und so auch von ihm, für die Umdichtung allgemein bekannter und berühmter Gedichte gebraucht. Es bezeichnete keineswegs den Chrakter eines Gedichtes in dem Sinne, wie wir ihn heute damit verbinden, sondern allgemein die Bearbeitung eines bekannten Stoffes zu neuer Dichtung. Ähnlich hatte auch die Bezeichnung „Komödie" nichts mit dem von uns gebräuchlichen Sinne, als Dartstellung der Menschen im lächerlichen Kampfe mit den Zufällen des Lebens, zu tun, sondern sie verstand darunter ein Drama mit befriedigendem Ausgange[54]. Als eine „parodia jubiläa" oder „Jubel-Jahres-Triumph-Gesang" bezeichnete nun Rinckart selbst den Titel seines uns noch aufbewahrten Liedes der „lutherischen Debora" vom Jahre 1630 (über Richter, Kap. 5). Schon der Anfang dieser Dichtung begann:

„Nun danket alle Gott, dem Herren Zebaoth,
Der uns vom welschen Sissera, vom Papst und seiner Pracht
Uns, seine kleine Debora, die Kirch', hat frei gemacht."

Eine zweite „parodia jubiläa" war der sog. „Extrakt aus M. Martin Rinckarts Jubelkomödie 1630". Er enthielt die im „Lutherus Augustus" verarbeitete Weissagung des Kardinals Cusanus, Johannes der Täufer werde 1530 auferstehen und das Gotteslamm aller Welt zeigen.

„Der fromme Dickhans thuts, den werden sie zwar hassen,
Doch ihn und seinen Schwan wohl ungebraten lassen,
Wie es die Böhmer Gans im Feuer prophezeit".

Beide, das Deboralied sowohl, als der Extrakt, erschienen bei Georg Ritzsch, und zwar auf einheitlichem Bogen. Auf der Stadtbibliothek zu Leipzig ist noch ein Exemplar vorhanden.

Eine dritte „parodia jubilaea" war das als

Festvortrag für die Eilenburger Synode verfaßte lateinisch-deutsche Gedicht:

„Fera Arundinis! Ferarum ferocissimarum ferocissima, das vom großen Mitternächtigen Alexander aufgetriebene und verjagte Rohr-Thier. Anno 1630" (über Psalm 68, 31). Der Titel dieses Jubelliedes ist nur nach dem Diskurs enthalten. Das Gedicht selbst ist verloren gegangen.

Welches war nun die 4. Parodie? Wir behaupten: das Lied „Nun danket alle Gott!" Die Möglichkeit der zeitlichen Entstehung dieses Liedes ums Jahr 1630 wird ohnedies kaum wissenschaftlich mehr bestritten werden können. Es wird bereits in dem Nachtrab des „Jesu Herzbüchleins" angeführt, dessen erste Auflage 1636 erschien. In der Widmung seiner Meißnischen Thränensaat aber 1637, erklärt Rinckart, daß er seine „Schriftenlieder" nebst den Dankpsälmlein und Katechismusliedern schon vor 6 oder 7 Jahren ganz verfertigt, „wegen der drangseligen eingefallenen Läufte aber bis daher ungedruckt" habe liegen lassen. Hieraus ergibt sich als Entstehungsjahr des Liedes „Nun danket alle Gott" die Zeit 1630 bis 1631. Zwar können wir ein Exemplar jener ersten Auflage des Jesu-Herzbüchleins nicht mehr nachweisen. Dennoch ändert diese Tatsache an der Abfassungszeit nichts. Denn die vorhandene zweite und durch Prof. Lange, Leipzig besorgte Auflage vom Jahre 1663 ergibt mit Sicherheit, daß das Lied schon in der ersten Ausgabe von 1636 gestanden hat, da der Herausgeber, laut Vorwort, das Werk nur „anitzo mit einer Vorrede vermehrt" und alles andere beim alten gelassen hat. Auch Bunsen, Versuch eines Gesang- und Gebetbuches, Hamburg 1833, sowie die historische Nachricht vom Brüdergesangbuch, Gnadau 1851, setzen die Entstehung des Liedes vor 1637 fest. Das erstere Werk erklärt: „Das Lied erschien spätestens 1636", das zweite fügt bei der Zeitangabe hinzu: „Vom Jahre 1636". Höchstwahrscheinlich lag beiden Werken noch ein Exemplar der ersten Ausgabe des Jesu-Herzbüchleins vor, während sie jene Vorrede der Meißnischen Thränensaat nicht beachteten. Auch war es eine Gepflogenheit Rinckarts, viele seiner Werke mit einem Vor- und Nachtrab zu versehen. Man vergleiche den Vor- und Nachtrab in der Thränensaat, Brautmesse u. a. Nun trägt das Lied „Nun danket alle Gott" im Jesu-Herzbüchlein die Überschrift: „Tischlied nach dem Essen". Linke läßt es deshalb am Vorabend der Säkularfeier 1630 entstehen, „Als Rinckarts lieben Kindlein das Dankeswort aus Sirach 50, 24-26 beteten". Linke selbst hat diese seine Fixierung der Entstehung des Liedes auf einen bestimmten Tag als „kühnen Ausspruch" bezeichnet. Aber man braucht auch durchaus nicht anzunehmen, daß das Lied als ursprüngliches Tischlied entstanden sei. Wir möchten für die Abfassung desselben vielmehr folgende Erklärung finden. Es steht fest, daß im Rinckartschen Hause die Kinder nach dem Essen die Bibelworte sprachen aus Sirach 50, 24-26: „Nun danket alle Gott, der große Dinge thut an allen Enden, der uns vom Mutterleibe an lebendig erhält und thut uns alles Gute. Er gebe uns ein fröhlich Herz und verleihe immerdar Frieden zu unserer Zeit in Israel und daß seine Gnade stets bei uns bleibe und erlöse uns, solange wir leben".

Nichts liegt nun näher, als daß Rinckart, da er nach Stoffen für ein festliches Jubellied suchte, den täglich gesprochenen Bibeltext für besonders geeignet fand. Ihn formte er zu jenem bekannten Jubel- und Dankesliede um und brachte ihn als Festgesang vor die feiernde Gemeinde. Denn wahrlich keine anderes

Schriftwort vermochte den Gedanken des Lobes für Gottes gnädige Erhaltung beim reinen Evangelium so nahezulegen, als diese Stelle des Siraciden. Zu einem besondern Druck erschien das kleine Lied nicht geeignet. Und als dann später der Dichter daranging, dasselbe in einer Sammlung zu veröffentlichen, konnte er es sachlich nur an der Stelle des Jesu-Herzbüchlein eingliedern, wo es inhaltlich hingehörte, unter die „Tischlieder". Denn seit dem Tage seiner Entstehung als Jubellied mag es in der Folgezeit gar oft von Rinckarts Kindern, denen der Vater schon öfters einige poetische Tisch- und Abendgebetlein verfaßt hatte, anstatt oder neben jener Bibelstelle gebetet und gesungen worden sein. Für die Verfertigung des Liedes als Parodie oder Jubelgesang für die Säkularfeier 1630 beachte man ferner die Verwandtschaft desselben durch seinen Anfang mit der zuerst angeführten Jubelparodie: „Nun danket alle Gott, dem Herren Zebaoth". Endlich setzt – was den Biographen bisher entgangen ist – der Bericht der Simonschen Chronik tatsächlich eine vierte Parodie voraus. Simon erwähnt ausführlich, daß während aller 3 Feiertage „in der Kirche die beste Musik (d. i. Festgesang durch die Kantorei), so aufzubringen gewesen", gebrauchet sei. Rinckarts „fera arundiinis" kam bereits auf der Ephoral-Synode zum Vortrage. An dem einen der Feiertage mag „das Deboralied", an einem anderen „die Weissagung des Cusanus" erklungen sein, für den dritten Tag fehlte bisher jeder Anhalt. Nach dem Gesagten kann es nur Rinckarts erhabenes Lied: „Nun danket alle Gott" gewesen sein, welches die vierte Parodie bildete. Nicht als Gemeindelied also, glauben wir, sondern als Festvortrag der Kantorei-Gesellschaft erklang damals zuerst das gewaltige Lied. Aber wie warm und tief mögen dennoch von der feiernden Gemeinde die Dankesworte nachempfunden worden sein.

„Nun danket alle Gott,
Mit Herzen, Mund[55] und Händen,
Der große Dinge thut
An uns und aller Enden.[56]
Der uns von Mutterleib
Und Kindesbeinen an
Unzählig viel zu gut
Und noch jetzund gethan.

Der ewig reiche Gott
Woll uns auf unser Leben[57]
Ein immer fröhlich Herz
Und edlen Frieden geben
Und uns in seiner Gnad
Erhalten fort und fort
Und uns aus aller Not
Erhalten hier und dort.

Lob, Ehr und Preis sei Gott,
Dem Vater und dem Sohne
Und dem der beiden gleich
Im höchsten Himmelsthrone:
Dem dreimal einen Gott,[58]
Als es ursprünglich war[59]
Und ist und bleiben wird
Jetzund und immerdar."

Die in vielen früheren Gesangbüchern aufgetretene Anschauung, als rühre von Rinckarts Hand nicht das ganze Lied, sondern nur 2 Strophen her, hat bereits der Gelehrte Martyni Laguna in Tzschirners Magazin 1824 zur Genüge widerlegt. Jene Anschauung entstand dadurch, daß die den Doxologien feindlichen Gesangbücher von Olearius 1671; Stöcken 1681 u. a. nur 2 Strophen brachten, die späteren aber bei Crüger 1648 3 Strophen vorfanden und nun zur dritten Strophe „Anonymus" zusetzten.

Die Frage, wie es dazu kam, daß das Lied „Nun danket alle Gott" fälschlicher Weise von Biographen und Hymnologen als ein Friedenslied aufgefaßt wurde, entstanden nach dem westphälischen Friedensabschluß, werden wir an späterer Stelle zu erledigen haben. Erwähnt sei noch, daß Rinckart auch sonst zur Verherrlichung der Augsburgischen Konfession im Jubiläumsjahre 1630 beitrug, indem er in Wochengottesdiensten der Gemeinde die einzelnen Artikel des Bekenntnisses auslegte. So konnte er im Rückblick auf jene glaubensstärkende Zeit in sein Jahresbuch eintragen: „Das ist das Jahr (1630), in welchem, den 25, 26 und 27. Juni, wider der Päbstischen Wirren und Irren und fast auch wider unser aller Hoffen und Gedencken das evangelische große Jubeljahr mit großer Freude gehalten worden."

15. DAS REGINENFEST

Am 3. Februar 1631 herrschte reges Leben auf den Straßen Eilenburgs. Um 10 Uhr Vormittags zog der Kurfürst Johann Georg von Wurzen heran, mit 300 Pferden und 12 Trompetern. Er begab sich zum Fürstenkonvent nach Leipzig. Endlich waren ihm die Augen darüber aufgegangen, daß es im Grunde die evangelische Religion war, um die gekämpft wurde. Das kaiserliche Restitutionsedikt hatte ihn aus seiner Schwächlichkeit aufgeschreckt. Auf seine Protestationsschrift, welche er infolge der Gewalttätigkeiten der kaiserlichen Kommissare in seinem Lande eingereicht hatte, war ihm der Bescheid geworden, er habe sich mit Geld, Waffen und Truppen gegen Schweden anzuschließen, von Aufhebung des Ediktes könne keine Rede sein. Da versuchte der Kurfürst einen neuen Weg. Er berief den Fürstentag nach Leipzig. Nach langen Verhandlungen wurde dann hier beschlossen, zum Schutze der Augsburgischen Konfessionsverwandten im Falle der Not Truppen aufzustellen. Der Kurfürst erbot sich seinerseits zur Aufbringung von 11 000 Mann. Bald nach Schluß des Konvents erklangen wieder die Werbetrommeln in Eilenburg. Am 5. Mai wurden 2 Kompagnien einquartiert, welche der Stadt in die 120 000 Gulden kosteten. „Wies bezahlt wird, – klagt Rinckart – mag Gott wissen!" Immer drohender wurde bald die Lage. Magdeburg fiel. Schon kam Tilly von Eisleben aus mit großer Heeresmacht herangezogen. Da entschloß sich Johann Georg zu einem Bündnis mit dem Schwedenkönige Gustav Adolf. Infolgedessen kamen die sächsischen Truppen mit 16000 Mann und 10 Geschützen am 22. August durch Eilenburg marschiert, um bei Torgau den Elbpaß zu bewahren und die Verbindung mit den Schweden zu vollziehen. Der Kurfürst selbst folgte am anderen Tage mit der Kavallerie. Am 4. September, den 13. p. Tr., fand dann, wie Rinckart erzählt, die Verbindung beider Armeen, der schwedischen und sächsischen, bei Pressel und Düben statt. Tilly hatte inzwischen furchtbar gehaust; namentlich waren es die Pappenheimer, welche mit unendlicher Grausamkeit die Ortschaften Sachsens zu plündern und einzuäschern begannen. Während der Belagerung Leipzigs drangen Streifscharen bis nach Püchau, Düben

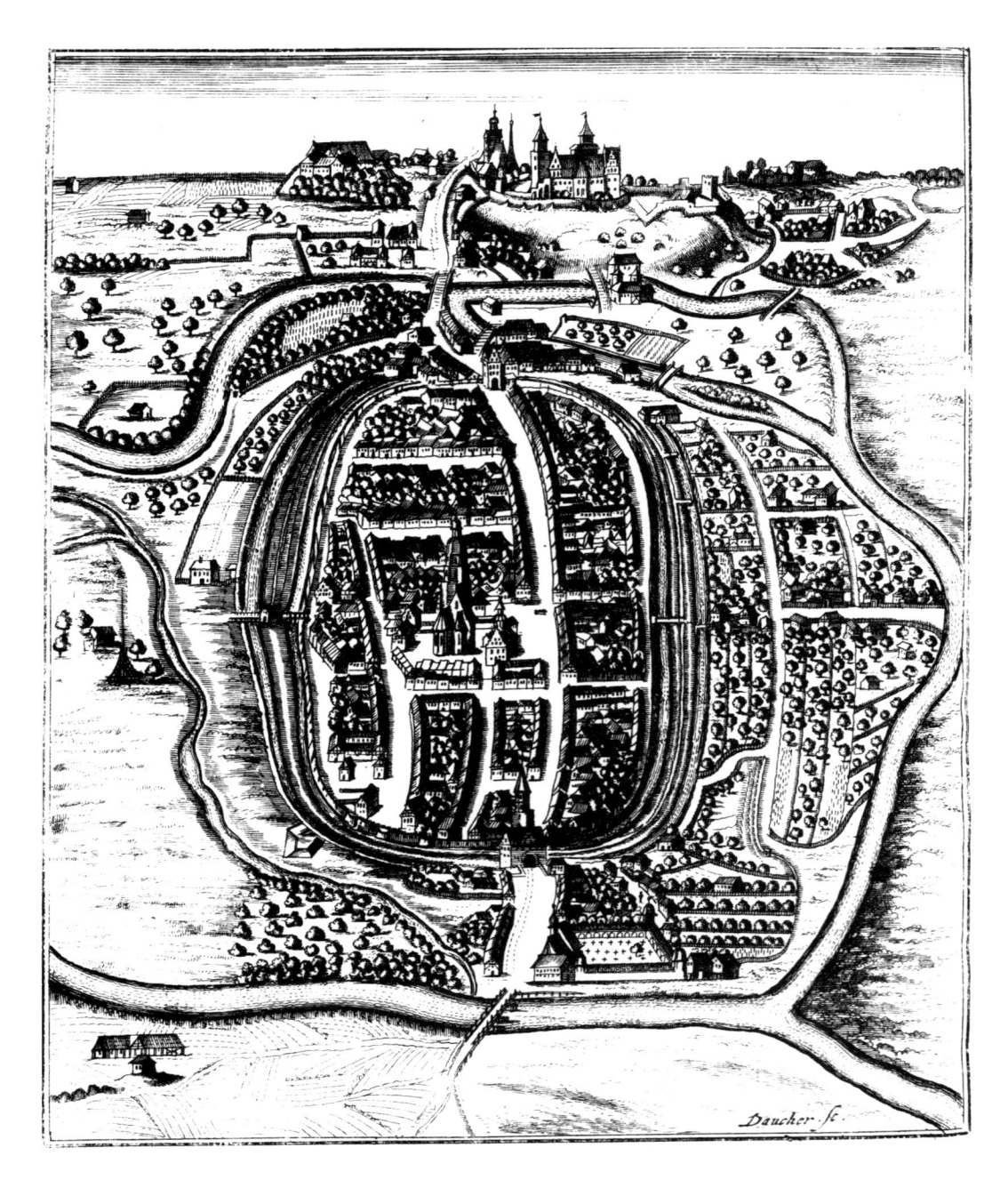

Eilenburg, Vogelperspektive, 1696 in: Simon Jeremias, Eilenburgische Chronica …
Stadtmuseum Eilenburg

und Thallwitz vor, wie wir wiederum durch Rinckart erfahren, und sengten alles nieder. „Am 5. September ergiebt sich die Stadt Leipzig schändlich und folgenden 6. auch die Festung ohne sonderlichen Zwang", klagt der Dichter in seinen Aufzeichnungen. Er berichtet ferner von einem „kaiserlichen Einfall", bei welchem ihm selbst „allerlei Unglücksfälle bescheeret" wurden. Am Montag, den 7. September, verbreitet sich die Kunde in Eilenburg, daß in der Nähe eine große Schlacht stattfinde. Bei Breitenfeld waren die feindlichen Heere aufeinandergestoßen. Auf der Seite der Schweden käpften zum ersten Male die sächsischen Landeskinder gegen die Kaiserlichen. Ihre ungeschulten Reihen lockerten sich sehr bald beim Angriff der Gegner. Der Kurfürst Johann Georg entwich zuerst dem Kampfe und gelangte bloßen Hauptes mit flüchtigem Gefolge in Eilenburg an, um hier den Ausgang der Schlacht abzuwarten.

Eine große Menge sammelte sich alsbald vor dem „roten Hirsch", wo sich der Landesvater an einem Trunke „Eilenburgkischen Bieres" zu stärken suchte. Endlich – es war bereits 10 Uhr Abends – kam eine Eilbote zum Tore herein. Er brachte die Botschaft: „Tilly ist geschlagen, die Schweden haben gesiegt". Die ostgotischen Reiter unter Horn hatten den Sieg entschieden. Da ließ der Kurfürst noch zu später Stunde ein Te deum in seinem Zimmer durch die Eilenburger Kantorei-Gesellschaft singen. Rinckart aber griff zur Feder und verherrlichte diesen 7. September durch ein Jubellied als „diem reginam".

Dies ist der Wundertag, da wir erlöset worden
Von Babels grimmer Hand und Jesu – wider Orden,
Gelobet sei der Herr, der Tag und Nacht gemacht
Und uns den Wunder lang gewünschten Tag gebracht.
O Tag, du schöner Tag, komm schöner Tag, erscheine
Noch siebenmal so schön und zeigt uns, was Gott meine.
Der siebend' Imber Mond und sieben Tag dazu,
Der soll bringen uns die Kirchen noch in Ruh.
Gelobet sei der Herr, der uns den Tag gegeben
Und uns zu Glück und Heil denselben läßt erleben.
Gesegnet sei der Tag! Der Sankt Reginentag:
Da Babels Drachen Heer und Rohrthier unterlag."

Auf seine Veranlassung fand dann ein großes Volksfest statt, bei welchem 3 Tage lang, Groß und Klein, Bürgersleute und Kriegsknechte, mit Dankgottesdienst und weltlicher Freude den errungenen Glaubenssieg feierten. So entstand „das Reginenfest" zu Eilenburg, dessen Feier man noch viele Jahrzehnte lang beibehielt. Rinckart verfaßte auch weiterhin bei jeder Wiederkehr desselben ein „Reginenlied", welches die kriegerischen Ereignisse wiederspiegelte. Fürs erste stand ihm Gustav Adolf als der feiernswerte Held vor Augen. Die allgemeine Begeisterung, in welcher das evangelische Deutschland dem Schwedenkönige zujauchzte, übertrug sich auch auf Rinckart. Er sah in ihm den „Mitternachtshelden" und „hilfreichen Reginenerlöser", welcher der gesamten evangelischen Kirche Errettung gebracht. Schon damals, nach der Schlacht bei Breitenfeld, faßte er den Entschluß zu einem Drama, welches Gustav Adolf als den „Alexander Magnus" verherrlichen sollte, und welches er im Diskurs als im Jahre 1635 zum Abschluß gekommen erwähnt. Im Druck ist nach aller Wahrscheinlichkeit das Drama nicht erschienen. Die Kriegsunruhen mochten denselben verhindern. Das Kirchenbuch vermeldet zahlreiche Beerdigungen von kaiserlichen und schwedischen Militärpersonen, welche infolge der Schlacht bei Breitenfeld innerhalb des „mensis victoriosi" zu Eilenburg verstarben.

Namentlich viele hohe sächsische und schwedische Offiziere von altem Adel wurden in der Stadt beigesetzt. Im November brach dann die Pest aus und forderten viele Opfer in der Bürgerschaft. Auch Rinckart hatte einen Verlust. Es starb sein zweiter Bruder, der Böttchermeister Johannes Rinckart*. Es ist dies der Bruder Martin Rinckarts, welcher merkwürdiger Weise von den Biographen übersehen wurde.

* Im Sterberegister Johann Rinckart genannt. (Anm. d. Hrsg.)

Sterberegister 1631 Nr. 160 – 19.9.1631
ist der Erbare und nahmhafte Johann Rinckart Bürger undt böttger allhier seynes alters 48 jahr und 14 Tage begraben worden undt hatt 50 R verziret davor sol der Schwibbogen mit drein gehen.
Leich-Predigt: Herr Friederich Leyser s.S. Theologie Doctor und Superintendend allhier. Textus aus dem 116. Psalm. das ist mir lieb, daß der Herr meine Stimme undt mein Flehen höret usque. Ich wil Wandeln für den Herren im lande der lebendigen.

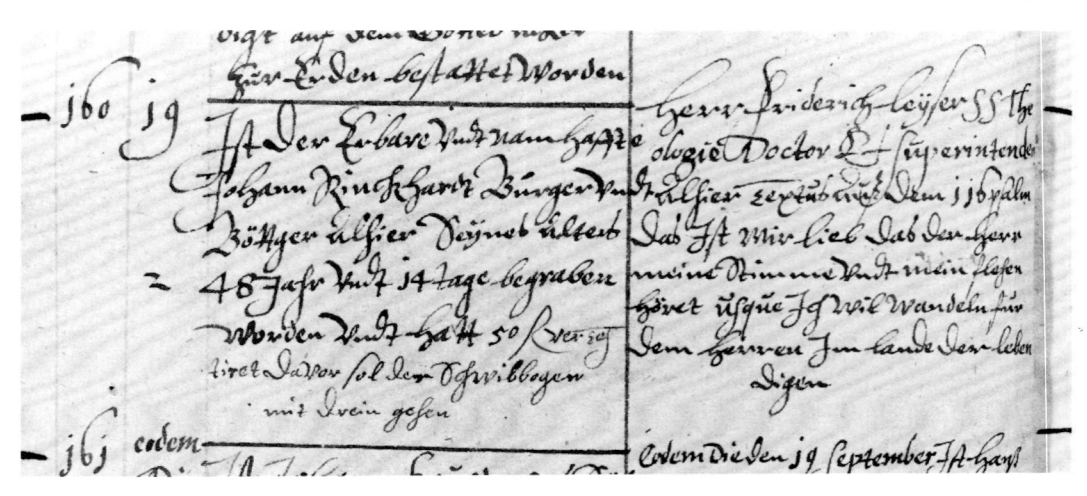

16. RINCKARTS GEBURTS- UND WOHNHAUS IN DER SPEISERGASSE

Durch verschiedene Biographieen zieht sich die kurze und deshalb zu mancherlei Unklarheiten neigende Angabe, Rinckart habe vom Vater das elterliche Grundstück geerbt und aus demselben Nebeneinkünfte bezogen. Daß derselbe auch zugleich eine große Zeit seiner Amtsdauer das alte Geburtshaus bewohnt habe, sprach erst Linkes Biographie mit Bestimmtheit aus. Sämtlichen Darstellungen war der wechselreiche Gang der Familienereignisse verborgen geblieben, welche uns durch die Manuskripte aufgedeckt werden. Wir wissen, Rinckarts Mutter hatte sich 1614 wieder verheiratet. Sie hatte bis dahin nach ihres ersten Mannes Tode auch weiterhin in dem Hause der Speisergasse, welches durch ihre in die Ehe mit eingebrachten Mittel von Nikolaus Voit erworben war, gewohnt und die Böttcherei durch ihren zweiten Sohn Johannes* betreiben lassen. Bei ihrer Wiederverheiratung nun setzte sich ihr zweiter Mann, der Tuchmacher Matthäus Schütze, „mit den damals 4 Kindern wegen der Mutterhause freundlich und friedlich auseinander" und zahlte an Martin „alsbald das Antheil von 30 R" aus. Auch der jüngste Sohn, Bernhard, wurde ausgezahlt. Ihr Sorgenkind, den blöden Georg, nahm die Mutter mit in die zweite Ehe. Johannes*, welcher bei seinem Vater das Böttcherhandwerk erlernt, übernahm das elterliche Grundstück in der Speisergasse. Indessen trat ihm die Mutter lediglich die Böttcherei ab, während sie die einträgliche Braugerechtigkeit für sich behielt und dieselbe erst späterhin an ihren Sohn Martin, den Archidiakonus, verkaufte. Sehr bald verlor sie, wie wir bereits oben sahen, auch ihren zweiten Mann. Von diesem, der 1617 ohne jeden weiteren Anhang verstarb, erbte sie ein auf dem Kirchplatz gelegenes Haus. Sie blieb in demselben wohnen, benutzte es aber als „Miethaus". Als sie dann selbst 1624 verstarb, ging dies „Mietshaus" bei der Auseinandersetzung der Söhne in den Besitz des Kantors Bernhard R. über, welchem das in unmittelbarer Nähe von Schule und Kirche befindliche Grundstück besonders annehmbar erscheinen mochte. Da starb nun 1631 auch der Böttchermeister Johannes R.*, ohne Weib und Kind zu hinterlassen. So erbten, da auch der Bruder Georg inzwischen verstorben war, der Archidiakonus Martin und der Kantor Bernhard. Von ihnen übernahm Martin, welchem bereits damals durch den Betrieb der Brauerei die Mittel reichlicher zuflossen, das alte Geburtshaus und baute es sich als Wohnhaus um. Auf diese Übernahme des Elternhauses bezieht sich die bisher in der Biographie so dunkel gebliebene Stelle der Katechismuswohltaten über

    „das Haus,
Das ich bewohn jetzund, daher es wie bekannt,
Vor vierzehn Jahren noch des Hauptmanns-
    haus genannt."

Als Rinckart diese Worte niederschrieb, im Jahre 1645, ergab die Rückdatierung von „14 Jahren" das Todesjahr seines Bruders Johannes*: 1631. Das Elternhaus also, welches früher dem Hauptmann Nik. Voit gehört hatte, und nicht etwa das Archidiakonatsgebäude, trug im Volksmunde die Bezeichnung des „Hauptmannshauses". Nachdem es aber vom Archidiakonus Rinckart bezogen worden war, nahm es gewissermaßen den Charakter eines

geistlichen Hauses an und die ältere volkstümliche Bezeichnung wich derjenigen eines Pfarrhauses. Für die Zwecke eines privaten und geräumigen Wohnhauses mochte nun freilich das frühere Böttchergebäude kaum ohne gründliche Veränderungen geeignet sein. So nahm denn Rinckart einen Umbau vor, welchen er ebenfalls in den Katechismuswohltaten in folgender, bisher unklarer Stelle erwähnt:
„So hoch und viel bin ich zu bauen Dich
    verpflichtet,
So hoch hab ich darauf von Anbeginn gerichtet,
Und solches Dir und mir zu zeigen in der
    That,
Auch helfen bürgerlich erbauen
    Deine Stadt."

An den Rand dieser poetischen Stelle setzte er die Jahreszahl: 1632. Er hat demnach bald nach des Bruders Tode mit den Baulichkeiten begonnen und ist jedenfalls auch bald darauf in dies sein Geburts- und Wohnhaus umgezogen. Vielleicht verkaufte er sein bisheriges Grundstück in der Speisergasse und gewann so die

Eckartstraße mit Blick in Richtung Leipziger Straße, um 1900, 2. Gebäude links, Rinckarts Geburts-, Wohn- und Sterbehaus, um 1910 abgebrochen.

Mittel zu der „bürgerlichen Erbauung". Die Prozeßakten bestätigen durchweg den bisher geführten Nachweis, indem sie von Rinckarts Wohnung als dem Elterhause desselben reden.

Über die nähere Lage des Geburtshauses von Rinckart in der ehemaligen Speisergasse wußte die bisherige Biographie nichts anzugeben. Man war deshalb allgemein der Ansicht, daß dasselbe längst dem Erdboden gleich gemacht worden sei. Rinckart selbst gedenkt bei der Schilderung seines Vaterhauses gern der freien Lage desselben, indem er von den sich bis zum Stadtgraben hinerstreckenden Gärten erzählt, in welchen er sich als Knabe tummeln konnte. Bestimmtere Anhaltspunkte über die Lage des Grundstücks erhalten wir aus alten Ratsakten vom Jahre 1629. In diesen klagen sich Johannes Rinckart und sein Nachbar Simon Scheffler wegen eines gemeinsamen Wasserlaufes. Dieser Simon Scheffler war der Vater des Schneidermeisters Gottfried Sch., mit dessen Wittwe sich Rinckart i. J. 1638 verheiratete. Die Heirath war somit durch die Nachbarschaft der Grundstücke vermittelt. Nach dem hier dargebotenen Sachverhalte muß das Rinckartsche Haus etwa in der Mitte der sich von der Hauptstraße (sog. Leipzigerstraße) abzweigenden Speisergasse, jetzigen Eckartstraße, und zwar rechtsseitig, gelegen haben. Dann aber passen sämtliche Darstellungen nur auf ein einziges noch heute erhaltenes altes Gebäude: „Eckartstraße Nr. 6". Die runden steinernen Eckpfeiler des Hauses weisen auf eine vor Rinckarts Zeit liegende Bauperiode hin, während das Untergeschoß noch deutlich die Spuren einer laubenähnlichen Vorderfront, wie sie die früheren Böttcherhäuser besaßen, erkennen läßt. Ein auf dem Hofe befindliches Brauhaus, in welchem die Braugerechtigkeit noch bis in die Neuzeit ausgeübt wurde, liefert den Nachweis für die ehemals mit der Böttcherei verbunden gewesene Küferei.

Wir sind hiernach der Ansicht, daß uns trotz des Zeitlaufes der Jahrhunderte das Geburtshaus Martin Rinckarts noch erhalten worden ist. In jenem genannten alten, ehrwürdigen Gebäude der heutigen Eckartstraße verlebte Rinckart als Knabe seine Kindheit, in ihm verbrachte er nahezu 17 Jahre seines eigenen Familienlebens und Amtsberufes, in ihm verfaßte er viele seiner noch heute erhaltenen Dichtungen.

Dies Geburtshaus war zugleich auch sein Sterbehaus.

* Im Sterberegister Johann Rinckart genannt. (Anm. d. Hrsg.)

17. DIE SCHWEREN KRIEGSJAHRE

Mit dem Herbste des Jahres 1632 brachen für Eilenburg schwere Tage an. Der Kurfürst hatte mit Gustav Adolf einen schon längst verabredeten Einfall nach Schlesien ausgeführt. Darauf hin waren von Wallenstein, welcher in Süddeutschland bei Nürnberg ein Lager bezogen, die Generäle Gallas und Holck nach Sachsen gesandt worden, welche in furchtbarer Weise hausten. Freiberg war gefallen, Meißen verwüstet, Leipzig belagert, die ganze Umgebung von Oschatz gebrandschatzt. Nun kam am 21. Oktober der kaiserliche Oberst Breda nach Eilenburg und begehrte Rantzion und Quartier. Er verlangte, wie Rinckart in den Papieren erzählt, 7000 Thaler „Akkordgeld", doch war die Stadt nur in der Lage, 2000 Taler mühsam aufzubringen. Dabei erlebte die Bürgerschaft furchtbare Mißhandlungen seitens der plündernden Soldaten. „Von solchen vor und nachgehenden Qualen und Jammer zu Eilenburck gaben allerhand vornehmste und ehrbare Personen, als Bürgermeister, Stadtrichter, (u. s. w.) ihren Geist auf." Den Geistlichen hatte Breda Schutz gesagt, ihnen „denselben auch schriftlich an die Thüre schreiben lassen". Dennoch drangen seine Rotten plündernd in die Oberpfarre ein und mißhandelten den Superintendenten Leyser.

Es fehlte nicht viel, so wäre auch Rinckart ums Leben gekommen: „Aber ich beherbigte bei mir einen gut schwedischen Postreuter," – so schreibt er von dieser Zeit – „der allhier nicht unbekannt, der schützte mich hernach mitten unter dem kaiserlichen Kriegsvolk.

Darum sang ich:

„Gelobet sei der Herr, der mich für bösen
    Buben,
Als jenen Daniel in Babels Löwen Gruben,
Durch einer Engelschar und starke Wundermacht
Voraugenbarlich hat verhütet und bedacht.
Der allerhöchste Gott. Die blutvollen Rachen
Behalten selber zu der Leiden und der
    Drachen,
Daß sie, so grimmig auch ihr Durstesfrevel
    war,
Doch meinem Hauß und mir gekrümmet
    keine Haar.
Die Wundergnadenthat will ich mit Dank
    erhöhn,
So lang ein Odem wird aus meinem Munde
    gehn
Und dort einst preisen recht, der Daniels
    Gott,
Wenn er geholfen mir gar aus aller Noth."

Wir erfahren hier den Anlaß jenes Gedichtes, das sich im Jesu-Herzbüchlein 1636 vorfindet. Auch Simon schreibt von der Erhaltung „des Archi-Diakonat-Hauß durch einen Eilenburgischen bekannten Soldaten". Der Chronist hat aber hierbei übersehen, daß Rinckart nicht mehr in der Amtswohnung, sondern in einem Privathause wohnte.

Bis zum 7. November lagen die kaiserlichen Truppen zu Eilenburg, Da drang die Kunde von der Schlacht bei Lützen in die Stadt, und schleunigst verließ Breda sein bisheriges Quartier. „So ward das kaiserliche Heer von den Schweden abermals in Kursachsen ritterlich herausgeschlagen, wiewohl der unüberwindliche Siegesheld auf dem Platze bleibt." Unter dem Titel „die gut schwedischen Klageweiber" sang Rinckart dem gefallenen Könige Gustav Adolf ein Klagelied, als dessen Leichnam am 26. November unter starker Bedeckung durch Eilenburg gebracht wurde. Das im Einzeldruck erschienene Gedicht wird im Diskurs erwähnt, ist aber bis jetzt nicht aufgefunden. Es erschien unmittelbar nach Gustav Adolfs Tode 1632. Den Papieren aber vertraute er folgende Verse an:

„Ad quos ego:
EX AqVILone Leo, Leornar DI LVCe LeonIs
Castra rVens LatII, Laeta aDIt Castra poLI.
Der Löw aus Mitternacht am Leonhardens
    Tage
Des Römer-Löwens Volk erlegt durch frisch
    gewage.
Er leget zwar das Haupt, doch siegt er
    ritterlich,
Und unsterblichen Ruhm, beim Sterben,
    läßt er nach sich."

(1632)

Der nächste Sommer spielte den Krieg nach Schlesien zu. Gleichzeitig aber unternahm General Holck einen Einfall in Sachsen. Grauenhaft war das Auftreten seiner Soldaten. „Das Mannesvolk ward greulich geprügelt, gerötelt und aufs äußerste ums Geld geprenkelt, das Weibesvolk aber geschändet, darneben alles geplündert, auch wohl gar die Häuser angesteckt. Deshalb wollte jetzt Niemand mehr trauen, noch des Feindes warten." Über Holck selbst und seine Grausamkeit waren die erschreckendsten Berichte im Umlauf. Einen „falschen lutherischen Christenverfolger" nennt ihn Rinckart. Als deshalb die Botschaft von der Einnahme Leipzigs durch Holck nach Eilenburg drang, entstand hierselbst eine grenzenlose Panik. Fremde wie Einheimische kehrten der Stadt den Rücken. Kaum 50 Bürger blieben zurück; die übrigen flüchteten mit Weib und Kind nach Wittenberg. „Da floh ich auch einmal aus gewisser Vorsicht" – erzählt uns Rinckart in seinen Aufzeichnungen. Die Geistlichen jener Zeit teilten in einer hingebenden Treue alles Elend mit den ihnen anvertrauten Gemeinden. Und wenn wir den sonst so glaubensmutigen Archidiakonus Rinckart jetzt mit seiner Stadtgemeinde auf der Flucht antreffen, so kann dies uns nur ein Beweis dafür sein, das er mit seinen Amtsbrüdern darin einig war, der flüchtenden Menge mehr helfen zu können, als den wenigen Zurückgebliebenen. Übrigens kam Holck nicht nach Eilenburg, und die Flüchtlinge kehrten von Wittenberg, wo sie 14 Tage unter freiem Himmel zugebracht, zurück. Diese Vorgänge spielten sich im August ab. Am 17. Okt. darauf verlor Rinckart seine kleine Anna Sophia. Tief gebeugt setzt der Vater hinter ihren Todesvermerk die Worte: „S e i n Name sei hier und dort gebenedeiet in Ewigkeit. Amen!" Für ihr Bildnis auf dem Grabdenkmal aber dichtete er die Verse:
„So lieblich lieb ich war, so lieblich mich an
    lachte
Mein liebstes Mütterlein: so lieblich mich der
    machte,
Daß Er ins Himmelreich zu sich nachholte
    mich."

In einer zweiten Reihe chronistischer Aufzeichnungen für das Jahr 1633 faßt Rinckart sich in folgender Betrachtung: „Dieses Jahr habe ich nicht mehr wollen viel einzeichnen, weil es allenthalben reichlich und überflüssig in offenen Druck gegeben wird. Ob Gott uns und die unsrigen wird wieder lassen eine Zeit erleben, da die Wahrheit sich möchte ungestört sehn und hören lassen, die itzo fället auf der Straße?" Die Siegesnachricht von dem Siege des Kurfürsten über die Kaiserlichen bei Liegnitz im Jahre 1634 ließ nur vorübergehend eine freudige Stimmung aufkommen. Bereits das „Reginenlied" Rinckarts aus diesem Jahre schlägt einen trüberen Ton an und gibt den Eindruck wieder über die verlorene Schlacht bei Nördlingen:

„Das ist der Schreckenstag, da unser Gott uns sinken
In unglückhafter Schlacht und doch nicht ließ ertrinken.
Er trieb uns zum Gebet, Bekenntniß unser Schuld,
Zu Lob und Ewigkeit, zu Demuth und Geduld.

O Tag, Du trüber Tag, komme trüber Tag und scheine
Nun siebenmal so klar und tröst die Christgemeine,
Daß Gott, nach weisem Rath und allgemeinem Brauch,
Uns lege Lasten auf und helfe tragen auch."

Als dann am 30. Mai 1635 der Kurfürst Johann Georg mit dem Kaiser den Prager Frieden abschloß, meinte Rinckart hierin den Anbruch einer glücklicheren Zeit suchen zu dürfen. Unter dem Titel „des Friedfertigen Landesvaters wohlgetroffener Friedenszweck" lieferte er für seine Gemeinde einen Beitrag von Liedern zu dem am Johannistage abgehaltenen Dankesfeste. Der Dichter ahnte nicht, welche uner-

Fischer-Coerlin, Rinckart am Totenbett des schwedischen Königs Gustav II. Adolf im Gasthof zum Roten Hirsch
Wettbewerbsentwurf, 1906, Stadtmuseum Eilenburg

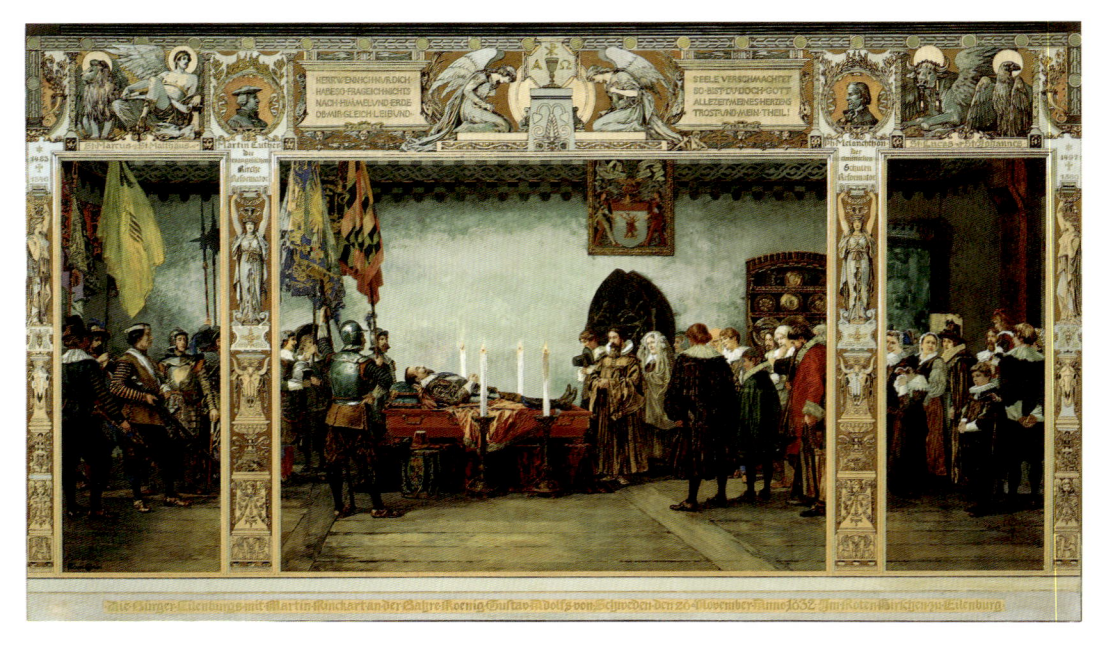

meßlichen Folgen neuen Kriegselends aus dem Rücktritt des Kurfürsten auf die Seite des Kaisers entspringen sollten! Denn nun kamen die Schweden als Feinde. Nach der Niederlage der Kaiserlichen bei Wittstock führte der schwedische Generaloberst Baner seine Truppen gen Leipzig heran. Lange Zeit lag sein Heer bei Eilenburg verschanzt. Noch heute führt jene Gegend, in der Nähe der Ortschaft Cospa, wo sich das Lager befand, im Volksmunde die Bezeichnung der „Schwedenschanze". Der Stab selbst war in der Stadt einquartiert. Erst nach geraumer Frist zogen die Schweden durch Eilenburg nach Torgau zu, um über die Elbe nach Pommern zu entweichen. Was sollte aus Eilenburg werden? Dicht gefüllt durch flüchtige Dorfbewohner lag es in der Feinde Hand. Diese aber hatten bisher sengend und brennend alle Ortschaften in eine große Wüste verwandelt. Aber Gottes Gnade fügte es wunderbar. Im Lager Baners befand sich eine „hochangefochtene Weibesperson". Deren „Seelenangst zu beseitigen" ward Rinckart gerufen. „Durch Gottes Gnade und große Mühe brachte ich sie wieder zurecht." Auch der Superintendent Leyser hatte es verstanden, sich freundlich zu den Feinden zu stellen, und mit den Stabsoffizieren, welche zum größten Teil in der Oberpfarre einquartiert waren, näheren Verkehr gepflogen.

Bei der Taufe seiner Tochter Christiane am 2. März 1637 treten lediglich Glieder aus der schwedischen Aristokratie, darunter ein Sohn Baners, als Paten auf. Auf der beiden Geistlichen Fürsprache hin bei dem Heeresführer entging die Stadt der Brandschatzung. Das Feuer, welches die abziehenden Dragoner vom Regiment Mortagni an einzelnen Stellen angelegt hatten, konnte bald gelöscht werden. Das Schlimmste war verhütet! Kläglich genug sah es freilich trotzdem in und um Eilenburg aus. „Alle Häuser in den Vorstädten, hinter der Stadt und auf dem Berge sind verwüstet, viele sammt den Scheunen abgetragen und aus dem Holz Pallisaden gemacht. Über 5000 Hopfenstangen, deren jedes Schock 2 Gulden ausmacht, sind verbrannt." Die Zustände im Inneren der Stadt waren grauenhaft. Der Mist lag 5-6 Ellen hoch auf der Straße. Es gebrach an Pferden und Wagen, ihn fortzuschaffen. Dabei wohnten die Menschen dicht gedrängt bei einander. So war es kein Wunder, daß sich zu der allgemeinen Notlage auch noch die Seuche der Pest gesellte.

18. DIE PESTZEIT

Gleich von Anfang an trat die Pest besonders stark auf. Das Kirchbuch von St. Nikolai verzeichnet für die Woche von Pfingsten bis Trinitatis 217 Verstorbene, für die Woche vom 4. bis 5. Trinitatissonntag schon 263 Verstorbene. Im ganzen notiert das Totenregister der Nikolaigemeinde für das Jahr 1637 die Zahl von 3161 Begrabenen. Der Bürgermeister Beyer indessen meinte, die Zahl der allein an der Pest Verstorbenen auf 5000 angeben zu müssen, während die Totengräber die Zahl der Pestleichen auf 8000 schätzten. Ein Widerspruch ist in diesen Angaben, wie Graubner behauptet, kaum zu finden. Man muß bedenken, daß die Ziffer der Gestorbenen zur Zeit des höchsten Wütens der Pest unkontrollierbar geworden war und an manchem Tage Massengräber mit Pestleichen gefüllt wurden. Wie mancher Tote, namentlich, wenn er ein unbekannter Dörfler war, mag hierbei seine Ruhe gefunden haben, ohne daß er eine Nummer im kirchlichen Sterberegister erhielt. Anderseits vermerkte der Bürgermeister Beyer nur die Zahl der in der inneren Stadt Verstorbenen, da der Stadtteil „Berg vor Eilenburg" damals noch nicht unter dem Rate der Stadt stand, sondern als eine Dorfschaft seine eigene Verwaltung besaß. Im übrigen bedarf auch die bisher stets wiederkehrende Angabe, Rinckart habe „4480 Tote beerdigen helfen", der Richtigstellung. Nicht, daß er so viel Leute beerdigt habe, schreibt Rinckart in den Papieren, sondern daß so viel Menschen durch die Pest dahingerafft worden seien. Auf jeden Fall ist nun die pastorale Tätigkeit des Archidiakonus Rinckart zur Pestzeit eine staunenswerte gewesen. Schon früh brachte ihm die Seuche großes Herzeleid in das eigene Heim. Sein geliebtes Weib Christine starb ihm nach fast 25jähriger Ehe hinweg. Er vermerkt den Tod der Gattin in seinem schriftlichen Nachlaß mit den Worten: „Am 8. Mai starb selig von allem Unglück hinweg meine liebste Ehe- und Kreutzgenossin Christine." Rinckart suchte und fand Linderung für seinen Schmerz in frommen Gedächtnisliedern, die er verfertigte. Das erste trug in Form eines Akrostichons den Namen „Christina Rinckardin" – nicht „Christina Morgenstern, wie Linke schreibt – und führte den Titel: „Die teutsche Jobs Schwester (CHRISTINA; M. Rinckarts Herzgetreue Ehe- und Kreutzgenossin) und ihr tägliches und behägliches Trostlied. Aus ihrem längst erwehlten und am 10. Tage des trostkühlen Meyens dieses 1637. Jahres zum letzten Ehrengedächtnis abgehandelten Leich-Text: Ich muß das Alles leiden! Die rechte Hand des Aller-Höchsten kann Alles wenden. Zu singen im Thon: „Hilf GOTT, daß mirs gelinge". Das Lied hat 19 Strophen. Es beginnt: „Kreutz, Trübsal, Angst und Leiden". Das zweite Lied, Nr. XXIV der Thränensaat, lautete in der Überschrift: „Eben dieselbe und ihr Geistfreudiges Valetlied. Zu singen im Thon: „Hertzlich thut mich erfreuen u.s.w. Am 8. Maj." Es sind 5 Strophen und das Lied beginnt: „So fahr ich hin mit Freuden aus diesem Jammerthal". Das dritte ist eine rührende Klage über den Verlust der Toten mit Andeutung ihres Vaternamens „Morgenstern". (Nr. XXV der Thränensaat). Dies Lied ist das ergreifendste. Man merkt ihm an, daß es unter Tränen geschrieben ist. Es ist überschrieben: „Der teutsche Ezechiel und Micheas Bruder. An seinen verblichenen und verwichenen Morgenstern. Im Thon des Himmlischen." Es sind 10 Strophen; die folgende ist die sechste. Über das Grab hinaus hat er seiner Christine hier nachgesungen:

> „Wie sich der Morgenstern mit Fleiß
> Der Sonne anzuschmiegen weiß
> Mit Lust und Wohlbehagen,
> So schmiegte sich in Lieb und Leid
> Dein Herz an meines allezeit.
> Das will ich Dir nachsagen.
> Mein Kreuz, Dein Kreuz,
> Meine Schmerzen
> Deinem Herzen
> Herzleid machten,
> Mehr, als sie mir selber machten."

Auch die übrige Familie erkrankte schwer. „Die Pest warf auch meine Kinder und Schwiegermutter nieder, aber Gott half ihnen wunderbar wieder auf." Der Sohn Samuel war sogar schon für tot auf den Strohsack gebettet, als er sich wieder erholte. Die Schwiegermutter, Anna Morgenstern, aber blieb bis an ihren Lebensabend von 89 Jahren in dem Hause ihres Schwiegersohnes und lebte, auch als eine zweite Frau die Stelle ihrer Tochter Christine ersetzt hatte, mit allen Insassen der geistlichen Familie in bestem Einvernehmen. Lange Zeit hindurch war der Archidiakonus Rinckart nun auch der einzige Geistliche am Orte. Sein Mitdiakon Heinrich, als auch die beiden Bergpastoren waren dahin gesunken. Der Oberpfarrer und Superintendent Leyser aber hatte sich auf sein Erbgut zu Brodau bei Delitzsch zurückgezogen. Der Biograph Graubner hat versucht, für solches Verhalten Leysers eine Rechtfertigung darzubieten. Hierbei ist ihm allerdings der Nachweis einer zweimaligen Abwesenheit des Superintendenten gelungen und damit zugleich die Zurückweisung der Beschuldigung, er habe Leyser ein von ihm unter dem 21. Juli 1637 als von Eilenburg aus an das Konsistorium gerichtetes Schreiben in der Ortsangabe gefälscht.

Indessen wird sich eine fluchtähnliche Entfernung des Superintendenten kaum bestreiten lassen. Schon die Tatsache, daß er das erste Mal nur auf eine brüderliche Ermahnung der städtischen Amtskollegen, das zweite Mal auf ein Schreiben des Eilenburger Rates zurückkehrte, spricht sehr für diese Annahme. Ferner hatte Leyser dem Küster die Schlüssel zum Archiv übergeben und ihm aufgetragen, die Prediger zu seiner Stellvertretung zu bestellen. Das Offizium der ephoralen Stellvertretung aber stand in jeder Beziehung nur dem Archidiakonus Rinckart zu, welcher schon im Jahre 1621 den Superintendenten vertreten hatte. Auch die plötzliche zweimalige Abreise Leysers kann den Fluchtverdacht nur verstärken. Es mochte ihm peinlich sein, den Amtsbruder über sein Vorhaben zu verständigen. Höchstwahrscheinlich fürchtete der Superintendent, welcher an „bedenklichen Leibeszuständen" litt und derenthalben mehrfach eine Brunnenkur zu Eger gebraucht hatte, für sich besonders die Ansteckungsgefahr. An seinem Fernbleiben aber hatte Rinckart sehr zu leiden. Denn nach dem Tode der beiden Berggeistlichen mußte er zum Teil in beiden Gemeinden die gesamten Amtshandlungen vollziehen. Dreimal des Tages ließ er die Sterbeglocken läuten. Dann trug man im feierlichen Zuge die Toten aus den Straßen zusammen und der Archidiakonus geleitete sie unter den Grabgesängen der Jugend zum Friedhofe. Und Gottes Gnade war mit ihm, so daß er dankbar bekennen konnte, es habe ihm mit Ausnahme einigen Unbehagens in dieser Zeit auch nicht ein kleiner Finger weh getan. Als sich die Pest gelegt hatte, schrieb er die Worte nieder: „Das ganze Land eines Königs Schatz und Eilenburck allein ohne alle Bürger." So furchtbar hatte die Seuche gewütet! Dennoch schien sich wieder neues Leben zu entfalten. Viele neue Ehen wurden geschlossen. Bisweilen wurden 7 Paare auf einmal getraut. Am 15. April traute Rinckart seinen Bruder Bernhard, der durch die Pest Witwer geworden, mit der Apothekerstochter Anna Regina Zachariä. Bald darauf trat er selbst zum zweiten Male in die Ehe. „1638 erfreute mich der Allmächtige mit einer anderen Hausehre: Fr. Barbara, Herrn Gottfried Schefflers Witwe, mit der ich mich ehrlich einließ in geheimen Verlöbniß am Gründonnerstag, in öffentlichen Verlöbniß am Sonntag nach Ostern und in hochzeitlichen Freudenbunde am St. Johannis des Täufers Tage." Frau Barbara Scheffler hatte ebenfalls zur Pestzeit ihren Mann, einen Schneidermeister, verloren. Ihr Hausgrundstück sowie dasjenige Rinckarts grenzten eng aneinander. Wie leicht war hierdurch eine nähere Bekanntschaft herbeigeführt, die ein eheliches Verhältnis begründen half. Auch diese zweite Ehe Rinckarts wurde eine überaus glückliche. Bezeugt er doch freudig:

„Semina pro tecto lacrimarum sparsimus anno,
Laetitiae messem Scheffleriana parat!"

Seine „eheliche Kreutzgenossin, Barbiten-Perle, Kleinod" nennt er seine Gattin noch nach vielen Jahren gemeinsamer Ehe. Und während Frau Barbara seinen beiden Kindern eine treue Mutter ward, vertrat Rinckart an ihrem 4jährigen Töchterlein erster Ehe, Maria, für weiterhin die rechte Vaterstelle. Sehr bald sollte die neubegründete Familie einen bitteren Lebenskampf bestehen lernen.

Silberner Abendmahlskelch mit der Inschrift: Johan Ienitschens Alhier Eheweib AO. 1609 FF Babara Lasanin, mit eingraviertem Kreuz

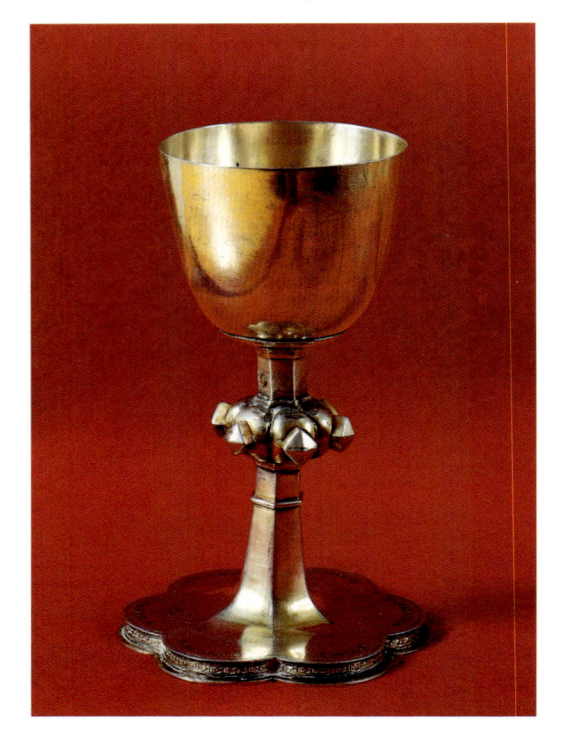

19. DIE HUNGERSNOT

Durch das viele Kriegselend hatten die Felder verödet gelegen, die Flugscharen waren zerstört, und die Pferde fortgeführt worden. Aus weiter Ferne schaffte man mühsam Korn herbei. Furchtbar winselte das arme Volk nach einem Bissen Brot. Zu den unnatürlichsten Nahrungsmitteln nahm die hungernde Menge ihre Zuflucht. Hunde und Katzen wurden geschlachtet. Selbst das in Verwesung übergegangene Fleisch wurde gegessen. Um eine Krähe, die von Bürgermeister Schuberts Hause herabfiel, stritten sich mehr denn 40 Personen. So groß war die Not! In solcher Trübsal klagte Rinckart in dem „deutschen Jeremias und sein geist- und leibliches Hungerlied aus seinem 14. und 15. Kapitel":

„Wir leiden doppelt schwere Not
Am lieben Leib- und Seelenbrot.
Die Acker liegen brach und dürr
Der Ackersmann geht in der Irr.
Die Kinder kommen leer nach Haus,
Wenn man sie schickt nach Wasser aus.
Die nicht verschmachten in der Not,
Die wünschen ihnen selbst den Tod".

Aber als bibelfester Gottesmann kannte er auch das Wort: „Brich den Hungrigen das Brot, und die, so im Elend sind, führe in das

Flügelaltar aus der Kapelle St. Georg, die u.a. als Begräbniskapelle diente

Haus (Jes. 58, 7). Allwöchentlich ließ er aus seinen eigenen Mitteln 2 Scheffel Korn ankaufen, verbacken und dann das Brot unter die harrende Menge verteilen. Die von Elteste herrührenden Berichte über große Massenspeisungen, bei welchen sich oft bis 800 Personen eingestellt haben sollen, sind stark übertrieben. Sie hatten die Tendenz, die spätere Undankbarkeit der Gemeinde gegen ihren Seelsorger Rinckart in ein möglichst scharfes Licht zu stellen.

Auch war es durchaus nicht allein Rinckart, der materielle Hilfe zu bieten wußte. Vielmehr nahmen sich nach seinem Beispiele noch andere wohlhabende Personen, sonderlich der Superintendent Leyser und der Bürgermeister Müller, des hungernden Volkes an. So groß war indessen die Not, daß selbst bei Rinckart sich Mangel einzustellen begann, obwohl er schon damals ein bemittelter Bürger der Stadt war. Und schon warteten weitere Prüfungen seiner Glaubensstärke.

20. DIE RETTUNG DER VATERSTADT

„Schon das ganze Jahr 1638 hindurch" – schreibt Rinckart – „haben bei uns die Kaiserlichen, Kursächsischen und Lüneburgischen Heere, auch die Schweden, nichts zu thun gehabt, als unseres Landes Gut und Segen auszuführen." Da wurde Anfang des Jahres 1639 die Stadt Eilenburg durch den schwedischen Oberstleutnant Derfflinger überfallen. Baner, welcher aus Pommern nach Sachsen zurückkehrte, hatte ihn mit der Vorhut vorausgesandt und ihm Eisenberg in Thüringen als Rekrutierungsplatz überwiesen. Nun wurde der Name der Stadt Eilenburg damals vielfach in der Endsilbe auch als Eilenberg geschrieben. Derfflinger hatte in seiner Marschordre die Bezeichnung „Eisenberg" für „Eilenberg" verlesen oder gefälscht, und kam nach der schon so oft heimgesuchten Muldenstadt. Dicht vor ihr erhielt er zudem Kunde von der Anwesenheit kursächsischer Soldaten, welche für dem Kommandanten Joachim von Schleinitz zu Leipzig Bier abholen sollten. Schnell drang Derfflinger in die Stadt ein, bemächtigte sich der 100 sächsischen Pferde und legte seine eigenen Mannschaften in Bürgerquartiere. Von dem Rate aber forderte er unter Androhung der Brandschatzung eine Zahlung von 30 000 Talern. Eine solch hohe Summe aufzubringen war der Bürgerschaft unmöglich. Längst war das Mark des einst blühenden Ortes erschüttert. Vergeblich bat der Rat bei dem Feldherrn um Erlaß oder Verminderung der Forderung. Derfflinger blieb hart. Da begab sich Rinckart voll Glaubensmut in die Wohnung des Oberstleutnants. Atemlos harrte die Menge seiner Rückkehr. Aber auch er brachte ablehnenden Bescheid. Doch ohne zu verzweifeln wendet er sich an die Bürgerschaft: „Kommt her, ihr lieben Kirchkinder, wir haben bei Menschen kein Gehör noch Gnade mehr, wir wollen mit Gott reden". Sofort läßt er die Glocken zur Betstunde läuten, und dicht gedrängt sammelt sich die Gemeinde im Gotteshaus. Voll innigen Flehens ertönt Paul Ebers Kirchenlied:

> Wenn wir in höchsten Nöten sein,
> Und wissen nicht, wo aus und ein,
> Und finden weder Hilf und Rat,

Otto Heinrich Engel (1866 -1949): Martin Rinckart kommt aus dem Quartier der Schweden,
Wettbewerbsentwurf 1906, Stadtmuseum Eilenburg

Josse, Goossens (1876 -1929): Martin Rinckarts Bittgottesdienst,
Wettbewerbsentwurf 1906, Stadtmuseum Eilenburg

> Ob wir gleich sorgen früh und spat:
> So ist das unser Trost allein,
> Daß wir zusammen insgemein
> Zu Dir dann rufen, treuer Gott,
> Um Rettung aus der Angst und Not."

Der Archidiakonus Rinckart aber trägt dem allmächtigen Gott unter inbrünstigem Gebete das Leid der Gemeinde vor, und unter Tränen fällt diese selbst dann in die Kniee, von Oben in Buße Rettung erflehend.

Der ergreifende Gottesdienst brach dem Feinde das Herz. Die Forderung wurde bis auf 8000 Taler ermäßigt. Auch dies konnte die schwer geprüfte Stadt nicht aufbringen. Man holte aus der Kirche silberne Geräte herbei, um wenigstens die Summe von 3000 bis 4000 Gulden zu erlegen, und der Rat mußte Brief und Siegel geben, daß er den Rest binnen kurzem abstatten werde. Kaum aber war Derffinger fort, so rückte der schwedische Oberst Beer nach. Er hatte in Wirklichkeit durch Baner die Stadt Eilenburg als Rekrutierungsplatz angewiesen erhalten. Auch Beer forderte Kontribution. Da machte sich Rinckart auf und zog in Begleitung eines Ratsherrn in das Hauptlager des ihm bekannten Generals Baner. „Unter vielen Schweiß und unter Wagen seines Halses" gelangte er vor diesen und rang ihm unter Bitten noch weitere 2000 Taler ab. Rinckart berichtet diese Tatsache selbst in den Prozeßakten, während er in den aufgefundenen Dokumenten nur die kurze Notiz eingetragen hat: „Der Schwedenheer Baners dringt ungehindert durch Nieder-und Obersachsen, setzt sich nieder, und müssen wir ihnen 8000 Thaler geben, unser Schweiß und Blut. Gott helfe!"

Vielleicht schrieb er diese Worte nieder, ehe er den Gedanken faßte, sich bei Baner selbst um Erlaß zu verwenden. Wenigstens deckt sich die von ihm genannte Höhe der Kriegskontribution mit der von Derffinger schließlich festgesetzen Summe. Dagegen erfahren wir nirgends von Rinckart, wo er das Lager der Generalität angetroffen habe. Die bisherige Biographie ließ diese Frage unberücksichtigt. Und doch ist ihre Beantwortung ein besonders wichtiger Beweis für den glaubensvollen und opferwilligen Mut Rinckarts. Nun fand jener Einfall Derfflingers am 21.Februar 1639 statt; derjenige Beers folgte sehr bald darauf. Inzwischen war Baner von Halberstadt aus bis Halle vorgerückt, wo er die Saale überschritten und die bei Frankenhausen befindlichen Kaiserlichen durch Pfuhl verfolgen ließ. Er selbst rückte nach Zwickau und Freiberg zu.

In die Zeit solcher Operationen Baners mag Rinckarts Reise zu ihm gefallen sein. Das schwedische Hauptlager befand sich dann etwa 2 Tagereisen weit von Eilenburg entfernt, und man versteht wohl gern, wie der glaubensmutige Geistliche nur „unter Wagen seines Halses", inmitten der Kriegswirren, jene gefährliche Reise unternehmen konnte. Gottes Gnade war auch diesmal mit ihm und ließ ihn zum Retter seiner dem sicheren Verderben geweihten Vaterstadt werden!

21. ALLERLEI KRIEGSNÖTE

Im Herbste desselben Jahres, am 22. September, fielen wiederum 300 Schweden in Eilenburg ein, wie Rinckart vermeldet, und spielten dabei der Bürgerschaft übel mit. Kurz vorher, am 9. September, war dem Archidiakonus von seiner zweiten Frau eine Tochter geboren worden die er „Regina" benannte.
„Reginae festum regalia munera ponit,
Quae tibi, rex regum, Christe homo-dux, dico".

„Gott helfe", so wünscht er, „daß sie eine fromme Königstochter werde und der Königlichen Reginenerlösung allhier länger, als wir, und dort ewiglich genieße! Amen!" Freilich verliefen die ersten Lebensjahre des Kindes unter viel Trübsal. Die Bedrückung Sachsens durch die Schweden wurde immer ärger. General Königsmark, der im März 1640 von Baner ausgesandt war, durch Sachsen Bahn zu brechen, kam hierbei auch durch Eilenburg und verlangte 800 Taler Kontribution. Seine Artillerie hatte schon einige Wochen vorher, als sie die Stadt passierte, Pferdematerial mitgenommen. Ausgangs November langten abermals schwedische Truppen unter Oberst Pfuhl an, nahmen Geld, Wagen und Pferde weg und verlangten außerdem Fourage. Bei alledem hatte Rinckart viel zu leiden. Er besaß damals, außer seinem Wohnhaus in der Speisergasse, auch das ihm durch seine zweite Frau zugeführte Grundstück. In beiden Häusern lagerte er Korn und Heu, welche er zum Teil aus den Pfarremolumenten gewonnen. Doch die plündernden Soldaten kehrten sich wenig daran und erbrachen ihm Türen und Riegel. Eine Aussicht auf Frieden erhoffte Rinckart von dem Reichstage zu Regensburg. „Derselbe wird auch vorgenommen, beschlossen und ausgeblasen, aber – so klagt er – die süße Frucht des Friedens bleibt noch aus." Neue Nöte brachte das Jahr 1642. Als die schwedische Armee sich von Schlesien aus wieder nach Sachsen wandte, berührte sie nach dem Elbübergang bei Torgau auch die Stadt Eilenburg. Am 18. Oktober gelangte die Vorhut unter Helmut Wrangel mit 6 Kompagnien Reitern an. Tags darauf folgte die ganze schwedische Armee unter Torstenson. Rinckarts spricht von diesem Feldherrn in seinen Niederschriften mit ruhiger Achtung, obwohl die Stadtgemeinde durch reichliche Einquartierung sehr zu leiden hatte. Der 23. Oktober brachte die Entscheidungsschlacht bei Breitenfeld. Der Sieg der Schweden war ein vollkommener. Die geschlagene kaiserliche Armee zog sich teils über Wurzen, teils über Eilenburg nach Dresden zurück. General Pikolomini kam in die Stadt, um zu speisen, „ging aber bald wieder fort und befahl, daß man von seinen Leuten niemand sollte in die Stadt lassen; deßwegen alles hinter der Stadt beim Neuen Thore" – auch Kuhtor genannt - „vorbeiging. Auf dem Thurme wurden die Standarten gezählt und deren über 100 befunden." Als dann das benachbarte Leipzig durch die Schweden eingeschlossen wurde, nahm der General Stalhanske nebst Stab Quartier in Eilenburg. Die Notlage aber, welche durch derartige Belastungen in der Stadt eintrat, war entsetzlich. Von den armen Leuten wurde die Streu aus den Ställen zusammengesucht und nochmals ausgedroschen! Und immer wieder folgten Streifkorps bald von Schweden, bald von Kaiserlichen, bald von Sachsen, welche den Muldenpaß sichern wollten. Den 3. September 1643 kam Königsmark von seinem Raubzuge in Niedersachsen zurück. Seine ungeheure Truppenmasse von 7000 Mann verhinderte hierbei die Abhaltung des Jahrmarktes zu Eilenburg. Ein blutiges Treffen in allernächster Nähe erlebte die Bürgerschaft im Januar des nachfolgenden Jahres. Hier stießen 3 kaiserliche und kurfürstliche Regimenter mit 3 schwedischen Kompagnien zusammen, die von Torgau nach Leipzig ziehen wollten. Die siegreichen Kaiserlichen kamen dann in die Stadt und behandelten die Einwohner äußerst roh. Die Schule wurde erbrochen, die Oberpfarre und das Archidiakonat geplündert. Auch im eigenen Besitztum hatte Rinckart dabei viel mit zu erdulden. Diese rohe Behandlung seiner Untertanen wurde endlich auch dem Kurfürsten zuviel. Er ging daran, seine Städte und Schlösser, als Chemnitz, Leisnig, Rochlitz, Grimma und auch Eilenburg, von den darin liegenden schwedischen Besatzungen zu entsetzen. Heimlich drangen am 3. September seine Truppen in das Innere Eilenburgs ein und hoben die darin liegenden schwedischen Wachposten auf. Tags darauf wurde das Schloß auf dem Berge belagert.

Der Kurfürst selbst leitete die Belagerung. Während derselben ließ er sich, – vermutlich von Rinckart – im „rothen Hirsch" eine Predigt halten über Jer. 6,8: „Bessere dich Jerusalem". Als er aber nach Einnahme des Schlosses nach Torgau fortgezogen war, kamen die erbitterten Schweden von Leipzig her und ließen durch aufgebotene Bauern die Mauern des Schlosses schleifen. Ja, Torstenson selbst rückte von Magdeburg aus in das kursächsische Gebiet ein und ließ seine Truppen, um den Kurfürsten zum Waffenstillstand zu bringen, ganz furchtbar hausen. Pegau wurde in Asche verwandelt, Meißen verheert. „Alle Schlösser, als Weißenfels, Delitzsch, Eilenburck sind niedergelegt und jämmerlich zugerichtet. Helfe Gott, daß wir nicht mit eigenen Händen werden müssen aufbauen!" So klagt Rinckart in seinem Chronikon, und am „Reginentage" singt er:

„Oh Tag, du heißer Tag, wie hast du uns geschmeltzet,
Daß sich die Gluth und Fluth aus Sachsen raufgewältzet
Und stund in Anhalt an; da ward Herr Gallas laß,
Da schwall der Kriegesschwall am Müld- und Elbenpaß."

Eilenburg von Süden
C. Merian, 1650, Kupferstich, Stadtmuseum Eilenburg

22. „DAS FRIEDENSLIED"

Endlich begannen sich Friedensaussichten zu zeigen. Schon seit 1643 hatten sich die Gesandten der einzelnen Mächte zu Münster und Osnabrück eingefunden. Mit großer Hoffnung ruhten die Augen des deutschen Volkes auf ihren Verhandlungen. Es wäre zu verwundern, wenn nicht auch Rinckart diesem Friedenskongreß, der die Anwartschaft auf Erfolg darbot, entgegengejauchzt hätte. Und in der Tat bieten seine „Katechismuswohlthaten" am Schluß ein Lied dar, welches nur auf die allgemeine deutsche Friedensaussicht bezogen werden kann. Dasselbe trägt den Titel: „Des teutschen Friedens-Herolden güldenes Pacem und überschönes Freuden-Kleinod".

Linke läßt dieses Lied bereits zum Prager Frieden entstehen, und zwar, weil es sich wegen seines Motettentextes als Kirchenmusik zu jenem Frieden geeignet. Nun aber erschienen im Einzeldruck aus Anlaß des Prager Friedens drei ausdrückliche Friedenslieder unter dem Titel: „Des friedfertigen Landesvaters ... wohlgetroffener Friedenszweck", von denen überdies zwei bereits darauf berechnet waren, für Komponisten Texte abzugeben. Auch die übrigen hieran von Linke geknüpften Vermutungen und Behauptungen erweisen sich nicht haltbar. Das Dankfest zum Prager Frieden war durchaus keine dreitägige Feier, sondern eine auf den Johannistag gelegte eintägige Feier. Daß der Dichter „von 1637 an körperlich leidend und nahezu gebrochen" gewesen sei, so daß er während der folgenden Jahre nicht mehr „ein solch frisches Lied habe liefern können", ist, wie wir noch im weiteren sehen werden, durchaus nicht der Fall gewesen. Dasselbe gilt von der Angabe, daß das in Frage stehende Lied „nichts anderes, als ein Abdruck eines früher ausgegangenen Einzeldruckes" sei. Uns ist ein solcher Einzeldruck nicht bekannt geworden, und auch in der Linkeschen Bibliographie findet sich ein solcher nicht verzeichnet. Wäre das Lied aus Anlaß des sächsischen Seperatfriedens entstanden, so würde es ohne Zweifel seinen Platz mit unter dem veröffentlichten Druck: „Des friedfertigen Landesvaters wohlgetroffener Friedenzweck" gefunden haben. Aber schon seine besondere Überschrift: „Des teutschen Friedens-Herolden güldenes Pacem" besagt, daß wir es hier mit allgemeinem Frieden zu tun haben. Zudem ist das Lied, chronologisch geordnet, in den „Katechismuswohlthaten" als die vorletzte „Christenhoheit" abgedruckt. Kurz vorher stehen beispielsweise die zum 200jährigen großen Buchdruckerjubiläum 1640 verfaßten Festeslieder. Hieraus ergibt sich, daß das Friedenslied nur in der allerletzten, dem Druck der „Katechismuswohlthaten" vorangehenden Zeit, also ums Jahr 1644, entstanden sein kann. Dann aber kann es inhaltlich nur auf die, durch die Verhandlungen von Münster und Osnabrück erhofften Friedensaussichten bezogen werden. Nur eine oberflächliche Lesung kann zu der Annahme führen, daß unter dem „Friedensstifter" der sächsische Landesvater Johann Georg gemeint sei. Das Epitheton bezieht sich vielmehr auf den angesungenen Friedensherold, der in den nachfolgenden Strophen bald „Friedenserbeter", „Friedensfronbote" u.s.w. benannt wird. Man beachte die folgenden, aus dem Liede zitierten Strophen:

„Nun jauchzet ihr großen Weltkönigreich alle,
Nun jauchzet dem Friedensstifter mit Schalle:
Nun Friede, nun Friede, nun güldener Friede.
So jauchzet und singet an aller Welt Enden,
Mit Herzen, mit Munde, mit Füßen, mit Händen.
 So jauchzet, so singet, so alle, so jede.
 Eia, Eia,
 Eia, Eia,
 Willkommen, willkommen,
 Weltfriede den Frommen,
 Den Jüden und Heiden.
 Jauchzet Ihr Fürsten und Herren mit
 Freuden.

Nun singet Ihr kleinen Welt-Königreich alle,
Nun singet dem Friedens-Erbeter mit Schalle:
Nun Friede, nun Friede, nun stattlicher Friede.
So singet, so springet, an aller Welt Enden,
Mit Herzen, mit Munde, mit Füßen und Händen.
 So singet, so springet, so alle, so jede.
 Eia so recht,
 So Herr und Knecht
 Das Urtheil bejahn,
 Den Hausfried bewahrn,
 Die Jungen und Alten.
 Jauchzet Ihr jungen und alten
 Eh-halten.

Nun springet Ihr Künstler und Handwerksleut alle.
Nun springet dem Friedens-Fron-Boten mit Schalle:
Nun Friede, nun Friede, nun göttlicher Friede.
So springet, so ringet, an aller Welt Enden,
Mit Herzen, mit Munde, mit Füßen und Händen.
 So springet, so ringet, so alle, so jede
 Hoscha, hophe,
 Unfried Ade.
 Nun hurtig Ihr Knappen
 Mit Klippen und Klappen,
 Und wenn es gelungen,
 Jauchzet Ihr Meister, Gesellen und
 Jungen.

Nun danket Ihr Weisen und Geistliche alle,
Nun danket dem Friedens-Erwerber mit Schalle:
Nun Friede, nun Friede, nun himmlischer Friede.
So danket, so danket an aller Welt Enden,
Mit Herzen, mit Munde, mit Füßen und Händen.
 So danket, so danket, so alle, so jede
 Ja, so, so
 In jubilo.
 So schallet die Lehre
 So steiget die Ehre
 Von Nahen und Fernen.
 Jauchzet Ihr Lehrer dem HERREN der
 Herren.

Nun rühmet Ihr Handels-und Wandels-Leut alle,
Nun rühmet den Friedens-Erkäufer mit Schalle:
Nun Friede, nun Friede, nun sicherer Friede.
So rühmet, so lobet an aller Welt Enden,
Mit Herzen, mit Munde, mit Füßen und Händen.
 So rühmet, so lobet, so alle, so jede.
 Hoscha nun fort,
 Zur See und Port.
 Nun fahren und laufen
 Mit Lasten und Haufen,
 Verkäufer und Käufer.
 Jauchzet Ihr Käufer, Verkäufer und
 Läufer."

Trotz der klaren Beziehung vorstehender Strophen auf eine allgemeine erhoffte Friedenslage, könnte man im Zweifel darüber sein, ob Rinckart im voraus einen Frieden besungen hätte, der doch in Wirklichkeit nicht vorhanden. Auch hierüber erhalten wir Sicherheit. Denn Rinckart redet im Diskurs vom Jahre 1645 davon, daß er im vierten Gesangringe 100 Dank- und Freudenlieder bieten werde „bei theils vergangenen Jubel- und Reginen-Festen, theils stündlich erwünschten Frieden zu gebrauchen".

Man sieht, er rechnete mit Bestimmtheit auf Eintreten des Friedensschlusses und hatte in Erwartung dessen bereits seine Harfe gestimmt. Und von solchem „Friedensschluß", den er bereits 1644 „besang", redet der Dichter ferner in seiner poetischen Selbstbiographie, welche er als Unterschrift für sein Bildnis bestimmt hatte:

„Der Rinckart seinen Ring getrost und
    unverdrossen
Hat viermal siebenmal, doch gänzlich nie
    beschlossen,
Bis er den Friedensschluß und diesen
    Chor besang.
Er sang und singet noch sein ewig Leben
    lang."

Diese Verse sind von Biographen und Hymnologen vielfach, selbst bis in die neuste Zeit hinein, auf die Abfassung des Liedes „Nun danket alle Gott" nach dem westphälischen Friedensabschluß bezogen worden. Daß das Lied „Nun danket alle Gott" in seiner Entstehung weit früher zurückliegt, haben wir bereits oben nachgewiesen. Keiner der Biographen bedachte gleichfalls, daß Rinckart obige Verse schon im Jahre 1644 verfaßte. Sie stehen im „Priester-Gedenck-Ring" der am 1. Januar 1645 zum Druck gegebenen „Katechismuswohlthaten". Als sie im Druck vorlagen, wies ihre Zahlenangabe: „viermal siebenmal" Jahre auf die von seinem Amtsantritt im Jahre 1617 ab gerechnete Zeit, also auf 1645, hin. Da feierte man zu Eilenburg die 100jährige Kirchweihe des 1545 neu erbauten Gotteshauses. Zu dem Zwecke waren auf Anregung Rinckarts die Bildnisse der gesamten bisherigen evangelischen Geistlichen gemalt worden, um „in dem Chore" der Kirche als Schmuck aufgehangen zu werden. Sie sind zum großen Teil noch erhalten und haben ihren Platz in der Sakristei gefunden. Angefertigt wurden sie vom Eilenburger Maler Daniel Andreas. Für jedes einzelne Bild hatte Rinckart die poetisch erläuternde Unterschrift geliefert. Dies war also „der Chor", den er „besang". Bezog sich nun seine Selbstbiographie auf diese Tatsache, so muß der im engen Zusammenhange damit stehende „Friedensschluß", den er ebenfalls „besang", eine zeitlich ins Jahr 1644 fallende größere dichterische Behandlung des erwarteten Friedens gewesen sein. Auf derartige Zeitverhältnisse paßt aber nur das erwähnte Friedenslied: „Des teutschen Friedens-Herolden güldenes Pacem". Also bereits die Vorverhandlungen zu Münster und Osnabrück, nicht erst der westphälische Friedensabschluß zeitigten seine Entstehung. Und nur dieses Lied, nicht etwa „Nun danket alle Gott", war das Friedenslied.

23. DIE NEUGRÜNDUNG DER KANTOREI

Unermüdlich war Rinckart darauf bedacht, in seiner Vaterstadt frisches, glaubensvolles Leben zu entfachen. Als ein bleibendes Denkmal solcher rastlosen Tätigkeit besteht noch heute die von ihm wiedergegründete Kantorei-Gesellschaft zu Eilenburg. Dieselbe war ursprünglich i. J. 1565 vom damaligen Superintendenten Döbler ins Leben gerufen worden. Mit Figuralmusik wollte sie in gottesdienstlichen Feiern der Gemeinde aufwarten. Sie trat hiermit in die Reihe jener übrigen Sängergesellschaften, welche sich zu Kursachsen im 16. Jahrhundert unter dem Namen der „Cantoreyen" auf die von den Reformatoren gegebene Anregung hin gebildet hatten[60]. Von den alten Brüderschaften der papistischen Zeit übernahm die Eilenburger Kantorei den schönen Gebrauch, Mitglieder und deren Angehörige im Falle des Ablebens zu Grabe zu tragen. Auch die Sitte, der ehemaligen Kalands-Brüderschaft, die Konvente mit fröhlichen Schmausereien zu begehen, spielte bei dem alljährlichen Hauptkonvente der Gesellschaft, am St. Johannistage, eine Hauptrolle. Rinckart war seit Anbeginn seiner Amtstätigkeit zu Eilenburg mit der Kantorei in die engste Verbindung getreten. Seine Begeisterung für Musik zog ihn zu den Sangesbrüdern hin, mit welchen er zum größten Teil von seiner Jugend her befreundet war. Zu den Konventen lieferte er manches Gelegenheitsgedicht, welchem er zugleich eine Komposition hinzufügte. Die Triumphi de Dorothea v. J. 1619 weisen verschiedene derartige Lieder auf. Zu den hohen Festen, Jubiläums- und Friedensfeiern verfertigte er stets größere Kompositionen. Infolge der furchtbaren Kriegswehen, namentlich der Pest, war nun die Kantorei fast gänzlich ausgestorben. Nur Rinckart und der Rechtsgelehrte M. David Mühlpfordt waren die einzigen noch am Leben weilenden Mitglieder. Eifrig bemühte sich deshalb Rinckart als Senior der zusammengeschmolzenen Gesellschaft um ihre Wiederaufrichtung. Die durch die Verhandlungen zu Münster und Osnabrück nahe gerückte Aussicht auf Frieden mochte ihm den Wunsch nach einer hochfestlichen Friedensfeier unter Mitwirkung der Kantorei besonders nahe legen. So unterbreitete er denn am Johannistage 1646 einer von ihm geladenen Anzahl sangeskundiger Personen die überarbeiteten Satzungen der Kantorei-Gesellschaft und erzielte das Resultat, daß die Sozietät mit 17 Personen wieder erneuert wurde. Er selbst vermerkt hierüber in der von ihm angelegten „redintegratio legum": „Zu gedencken: Nachdem der leidige Krieg und der allgemeine Menschenwürger die Personen bis auff Zween hinweggerissen: wie solche durch Gottes besondere Gnade im Jahre unseres Heils und Heilands und verhoffendlichen Friedens 1646: auff St. Johannisfest, wie auch die vorhergehende auffgerichtet worden: sind von dar an, was jährlich in Legibus zu erclähren, erinnern und verbessern einhellig beschlossen: folgende Notae et Declarationes hierin getragen worden". Auf seinen Vorschlag nahm die Gesellschaft die Bezeichnung „der Eilenburgischen Kantorei-Gesellschaft neu und frisch gewundenes musikalisches Liebes- und Friedenskränzlein" an. „Gott gebe", – so wünscht ihr Rinckart – „daß sie erneuert bleibe so lange Frieden und Gnaden, bis die alten und neuen

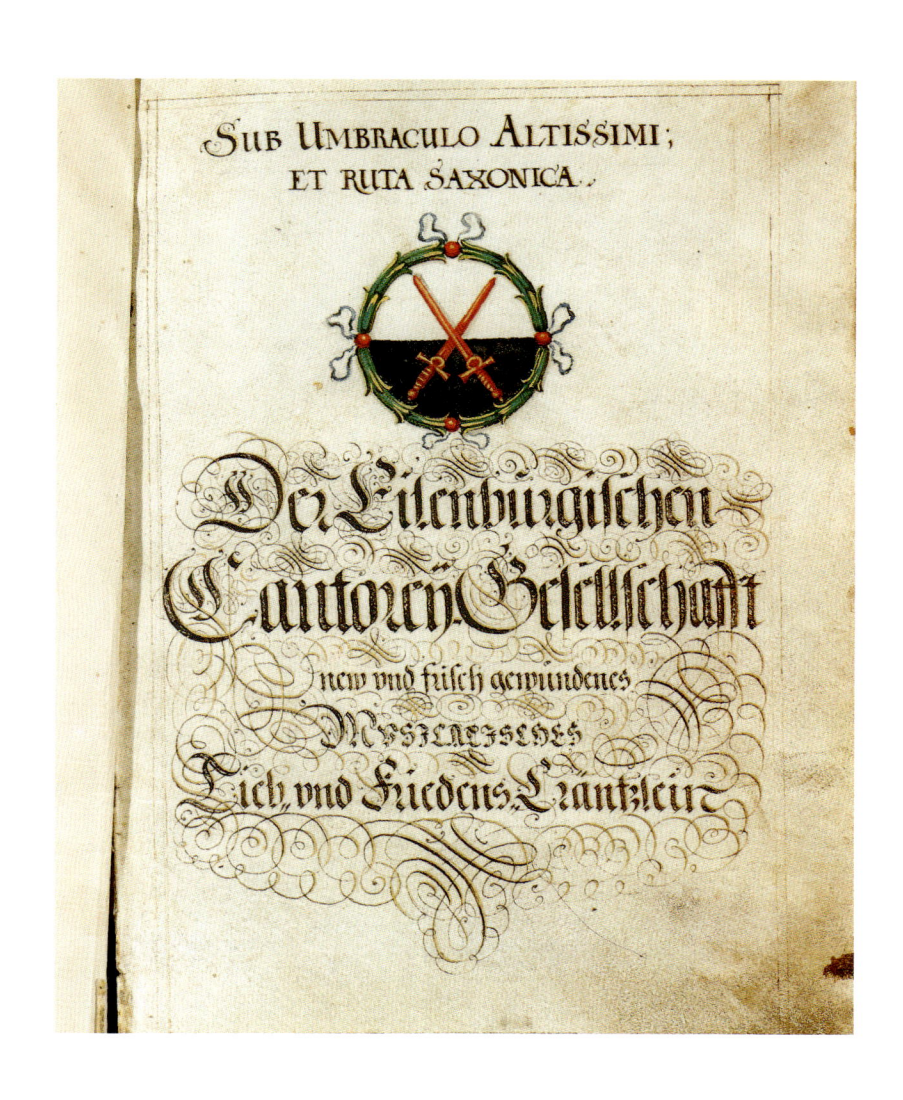

Der Eilenburgischen Cantorey-Gesellschaft new und frisch gewundenenes Musikalisches Lieb- und Friedens-Cräntzlein, 1646, Stadtmuseum Eilenburg

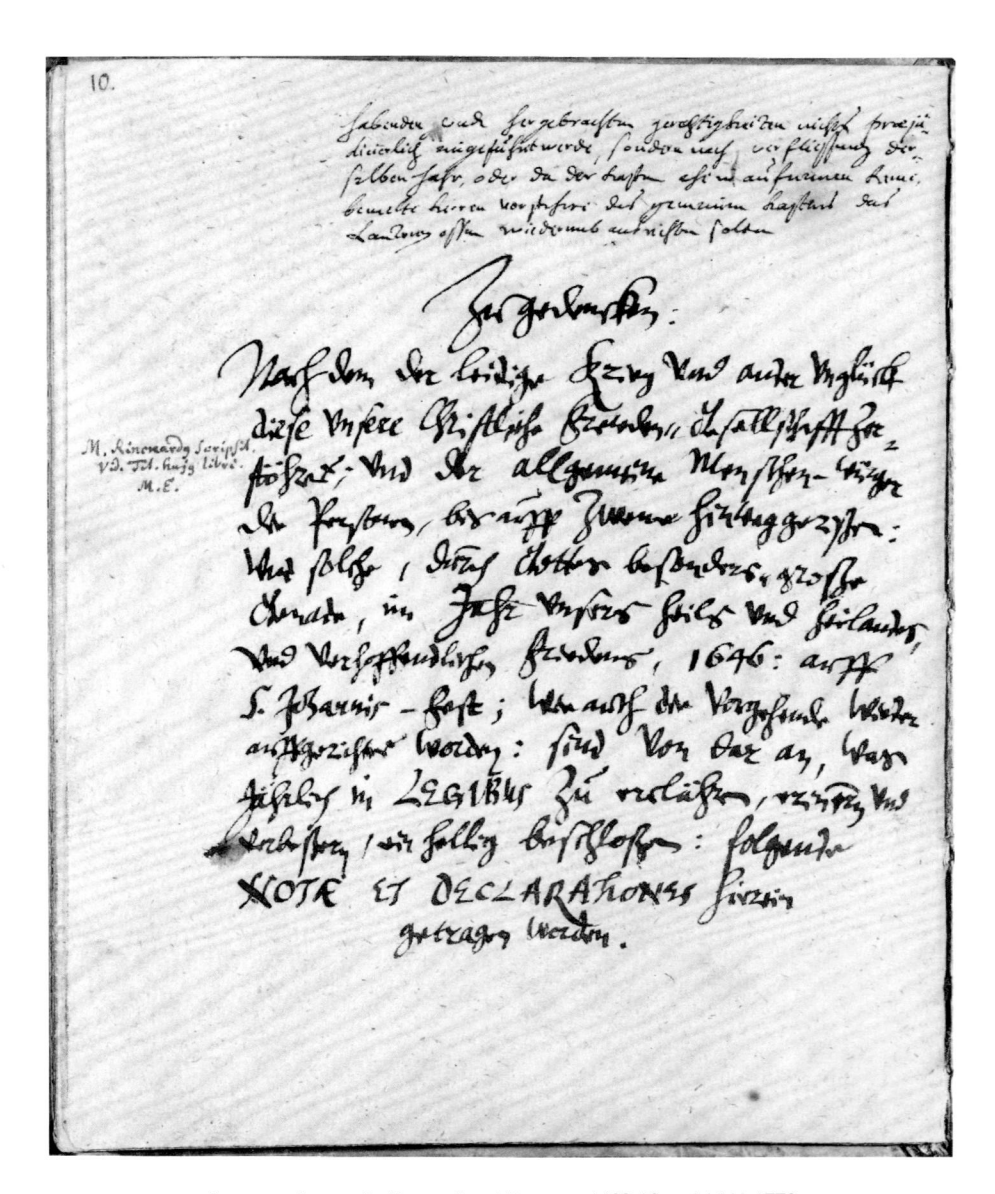

Legum redintegratio. Kantoreibeschlüsse von 1603-18 und 1646-1770.
Aufgeschlagen ein Eintrag von der Hand Martin Rinckarts.
„Zu gedenken:
Nachdem der leidige Krieg und ander Unglück diese unsere Christliche Freuden-Gesellschaft zerstöhret und der allgemeine Menschen-Würger die Person / bis auff Zween hinweggerissen: Wie solche / durch Gottes besonders große Gnade / im Jahr unsers Heils und (Hei-)Heilandes / und verhoffendlichen Friedens / 1646: auff S. Johannis-Fest; wie auch die Vorgehende wieder aufgerichtet worden: sind von dar an / was jählich in Legibus zu erclären / erinnern und verbessern / einhellig beschlossen: folgende Notae et Declarationes hierin getragen worden."

membra wieder in ewiger Cantorey-Freude zusammenkommen". Bei den Unterschriften der Mitglieder trägt auch er seinen Namen ein. Er unterzeichnet hierbei: „M. Martinus, Gerg. fil. Bernardi nepos Rinckardorum. Ao. Minist. 35. ab Anno 1617 Eccl. Patr. Archidiac. Ministerii et societ. Senior; manu mea". Darunter setzt er den lateinischen Vers:

„Hasce reassumo, defecto gutture, leges
Rinckhardus, Cantor funeris ipse mei."

Dankbar haben ihm die zeitgenössischen Sangesbrüder sein Verdienst um die Neugründung der Kantorei anerkannt. Ein Konventsbeschluß der Gesellschaft v. J. 1654 besagt, daß der Pfarrer Samuel Rinckart zu Weltewitz bei Eilenburg, des Archidiakonus Martin R. Sohn, „ob merita parentis, und weil dieser bei der Aufrichtung der neuen Gesellschaft sehr sorgfältig gewesen, zusamt seiner Frauen recipirt werden solle". Noch heute aber lebt das Gedächtnis an den einstigen Reorganisator in der jetzigen Gesellschaft lebendig fort. Leider hat die fernere Entwicklung der Kantorei nicht die ihr von Rinckart gewiesenen Bahnen innegehalten. Durch die schon nach der alten Ordnung gegebene Unterscheidung der Mitglieder in „Chorbefreite" und „Chorbediente", oder Kunstfreunde und Kirchensänger vollzog sich im Laufe der Zeiten eine bedauerliche Trennung. Es bildete sich die sog. große Kantorei derer aus, die „nicht zum Chore gingen", sondern sich lediglich zu den geselligen Konvivien der Gesellschaft einfanden, und die sog. kleine Kantorei derer, die „zum Chore gingen" und fast gar keine Gemeinschaft mehr mit der großen Gesellschaft hatten. Die Bemühungen des Superintendenten Elteste zur Mitte des 18. Jhdts., die Mitglieder wieder „zu einem corpus zu vereinen", waren nur für kurze Zeit von Erfolg gekrönt. Die Gründung einer Leichenkasse i. J. 1763 verwischte vollends den ursprünglichen idealen Zweck der Kunstpflege. Bald darauf ging der Kantoreichor für immer unter.

Seitdem sich Rinckarts Wirksamkeit der neu erblühenden Kantorei zuwendet, erfahren wir nicht viel mehr von seinem dichterischen Schaffen. Zur Herbstmesse 1648 zeigt er das Erscheinen seines „apokalyptischen Gedenckringes" an[61]. Ob das aus 50 Triumphliedern über alle Kapitel der Offenbarung bestehende Werk tatsächlich erschienen sei, war bisher eine offene Frage. Ein Druckexemplar ist nicht mehr vorhanden. Hingegen enthält ein Brief Fiedlers an Daum vom 1. Januar 1650 folgende diesbezügliche Notiz: „Ejus Apocalypsin versu Germanico detectam, quam ante obitum Lipsiam misit, praeclarissimum est opus; vidi enim ac legi; editam jam esse puto". Nach dem Wortlaut dieser Briefstelle hat sich die Drucklegung des Werkes mindestens ein Jahr – Rinckart starb am 9. Dezember 1649 – nach erfolgter Anzeige verspätet. Wahrscheinlich fand sie überhaupt nicht statt, sondern zerschlug sich vollends durch des Dichters eingetretenen Tod.

Kantorei-Rechnungen, 1603-1859, Stadtmuseum Eilenburg

24. RINCKARTS PROZESS MIT DEM RATE DER STADT

Zu den mancherlei schweren Lebenserfahrungen, welche dem Archidiakonus Rinckart zu Eilenburg erwuchsen, gehört auch sein Prozeß mit dem Rate der Stadt. Dieser Streit ist von Seiten vieler Biographen zum Mittelpunkt der verschiedensten Fabeleien über die dem verdienstvollen Geistlichen zu Teil gewordene rohe Behandlung durch Bürgerschaft und Rat der Stadt, sowie über des Dichters schließliche Verarmung gemacht worden. Derartige phantasievolle Ausführungen sind zum größten Teil auf Elteste zurückzuführen. Dieser scheint da, wo er von der klaren Darstellung des Sachverhaltes in den Akten abweicht, sich allzusehr auf vage Gerüchte in der Gemeinde verlassen zu haben. Erst der Biograph Graubner hat an der Hand der Prozeßakten den Nachweis geliefert, daß der wahre Sachverhalt vollkommen entstellt worden ist. Indessen hat Graubner bei alledem das vollzählige Aktenmaterial nicht zur Genüge verarbeitet. Der Prozeß geht in seinen Anfängen weiter zurück als dieser Biograph angibt, anderseits läßt derselbe auch dem Kläger Rinckart nicht völlige Gerechtigkeit bei der Darlegung des Streites widerfahren. Graubner scheint nur das Aktenmaterial der letzten Jahre des Prozesses, namentlich die Verhandlung vom 5. März 1647 benutzt zu haben. Der Konflikt entstand dadurch, daß der Archidiakonus sowohl die ihm bei seinem Amtsantritt zugesicherte Gehaltszulage von 20 Gulden, als auch die zu seinem Einkommen gehörenden 20 Scheffel Korn aus der städtischen Schäferei durch den Rat nicht auserteilt erhielt. Und zwar war dies schon in den ersten zehn Jahren seiner Wirksamkeit der Fall. Doch wurden damals noch die Verhandlungen mündlich gepflogen. Eine größere Spannung zwischen Rinckart und dem Rate trat in den dreißiger Jahren dadurch ein, daß seitens der Stadt eine Abrechnung, die sonst wenigstens einmal jährlich erfolgte, fast gänzlich unterblieb, und daß der Rat an Stelle der Besoldung dem Archidiakonus den Besitz eines leerstehenden Hauses anbot. Wiederholt ist in den Akten von „Caducen Häußern" die Rede, welche, von den Bewohnern verlassen, sich hinter der Torgauervorstadt befanden. Vielleicht entstand aus dieser Bezeichnung die im heutigen Volksmunde gebräuchliche Bezeichnung der „Katzenhäuser" für jene Gegend. Auch Äcker und Wiesen sollten als Ersatz gegeben werden. Indessen erklärte sich Rinckart nicht einverstanden. Er trat ferner nicht nur mit eigenen Rückforderungen der dem Rate in schwerer Kriegsbedrängnis geliehenen Gelder auf, sondern auch mit solchen seiner zweiten Frau Barbara Scheffler, deren erster Mann der Stadt ebenfalls Geldmittel vorgestreckt hatte. Als nun über diese Punkte eine Einigung nicht erzielt werden konnte, wandte sich Rinckart an das Konsistorium. Dieses beraumte auch kurz vor Pfingsten 1641 einen Termin zu Leipzig an, bei welchem aber nur Rinckart allein erschien. Bei seiner Rückkehr geriet er in die Hände marodierenden Kriegsvolkes, welches ihn mehrere Tage gefangen hielt und ihn zwang, des Nachts mit im Freien zu kampieren. Nur mit Mühe entkam Rinckart nach Eilenburg. Hauptsächlich wohl infolge dessen setzte das Konsistorium eine Kommission zur Schlichtung des Prozesses in Eilenburg selbst ein, indem es zu Kommissaren den Superintendenten Leyser und den Amtsschösser

Metzner ernannte. Am 17. Januar 1642 kamen beide Parteien, Rinckart und Rat, in der Superintendentur zum ersten Male zusammen, freilich, ohne daß eine Einigung erzielt wurde. Nun zog sich der Gang der Verhandlungen sehr in die Länge, teils weil die Parteien nicht immer erschienen, teils weil über jeden Termin an die Leipziger Kirchenbehörde berichtet werden mußte. Auch die immer mehr auftretenden Kriegsunruhen, sowie Erkrankung und Tod des Superintendenten Leyser führten eine Verzögerung herbei.

Unter dem neuen Superintendenten Buchholz und dem neuen Amtsschösser Johann Fischer nahm der Prozeß einen schnelleren Verlauf. Auch erhielt Rinckart alte Besoldungsreste ausgezahlt. Mit einer, sowohl Rinckart, als dem Rate zugestellten Zitation vor das Konsistorium zu Leipzig, auf den 30. November 1647, schließen die Akten ab. Der Streit wurde also wahrscheinlich bei diesem Termine beigelegt. Alle jene Entstellungen, die in den Rinckartbiographieen, namentlich bei Linke, zu Tage treten, sind auf Elteste zurückzuführen. Ob dieser, weiland Superintendent, die Prozeßakten nicht zur Hand gehabt hat, oder ob er in Voreingenommenheit für Rinckarts Person den ausführlichen Sachverhalt verschwiegen hat, mag dahin gestellt bleiben. Jedenfalls entstand in sämtlichen derartigen Berichten eine heillose Verwirrung des Sachverhaltes auch dadurch, daß man die durch den Rat von Rinckart verlangten Steuern zugleich mit den ihm durch die Militärkommandos auferlegten Lasten zusammenwarf. Mit Fug und Recht nämlich forderte die Stadtverwaltung bei der gegenseitigen Abrechnung von Rinckart die Anerkennung seiner zu zahlenden Bier- und Gebäudesteuern. Dieser aber weigerte sich, solche Steuern zu zahlen, weil ihm der Oberst Breda im Jahre 1636 „völlige Steuerfreiheit" verliehen habe. Daß sich solcher Steuerschutz selbstverständlich nur auf die von den Feinden – und zwar lediglich Schweden – geforderten Kriegskontributionen beziehen konnte, hätte Rinckart einsehen müssen. Er ging in seinem Irrtum indessen soweit, daß er zeitweilig das von seiner zweiten Frau Barbara Scheffler überkommene Haus bezog, um auch solches von den Steuern frei zu haben. Auch hätte Rinckart in einer Zeit, wo der Ratssäckel durch die furchtbaren Kriegslasten vollkommen erschöpft war, mehr Geduld und Rücksicht beweisen können. Anderseits soll nicht übersehen werden, daß ihn der Rat durch Versprechungen hinhielt, ja durch die Art und Weise der Steuereinziehung schwer reizte. So ließ beispielsweise der Rat den Archidiakonus eines Nachts durch den Büttel pfänden! Das mußte auch den friedlichsten Geistlichen bitter schmerzen. Von Mißhandlungen, welchen Rinckart durch den Rat oder die Bürgerschaft ausgesetzt gewesen wäre, kann indessen keine Rede sein. Insbesondere ist die Darstellung einer Vorführung Rinckarts durch den Büttel (Linke), oder seiner Beleidigung und Mißhandlung seitens des Pöbels und der Vorgesetzten (Elteste, Plato) abzuweisen. Wie erbittert freilich die gegenseitige Stimmung gewesen sein muß, bezeugt die Tatsache, daß die Stadtbehörde die gesamte Bürgerschaft durch die Glocke zusammenrufen ließ, um sich dem Archidiakonus Rinckart gegenüber zu rechtfertigen. Dieser wiederum veröffentlichte ein Schreiben „an Eilenburgs solicitierende Bürgerschaft". In seinem „Lebens und Sterbensberichte" hat er zum Schluß die bedeutsamen Worte hinzugefügt: „Meinen herzlieben Pfarrkindern und Beichtkindern befehle ich mein Weib und Kind" – Regina – „dieselben so treulich zu fördern und zu schützen, als ich Euch die 32 Jahre gemeint habe, wider diejenigen, welche schon längst darauf gewartet haben, wie sie ihr Müthlein an ihnen kühlen werden, wiewohl der Herr, der Allmächtige, aller unser Herzen und Gemüther in seiner Hand hat und schaffet, daß solch Esaus Brüder und Gemüther nach dem Tode freundlicher werden, als im Leben".

Werfen wir die Frage nach dem Innersten Grunde der großen Spannung zwischen dem Archidiakonus Rinckart und den leitenden Persönlichkeiten der Stadt auf, so erscheint derselbe in persönlichen Beziehungen gelegen zu haben. Wir wissen, Rinckart entstammte einem alten Patriziergeschlechte. Die meisten seiner Vorfahren hatten maßgebende Stellungen in der Stadt innegehabt. Auch unser Martin Rinckart war gewissermaßen auserlesen, eine Ton angebende Rolle zu spielen. Schon der Superintendent Büttner sprach es in seinem Schreiben an den Rat der Stadt, vom 28. April 1610, offen aus, daß Rinckart leicht zu viel Anhang bekommen könne. In den schweren Kriegsjahren war nun Rinckart tatsächlich die einzige Persönlichkeit geworden, welcher die Stadt Hilfe und Rettung verdankte. Sein Ansehen war dadurch außerordentlich gestiegen. Das mochte ihm von anderer Seite leicht mißgönnt werden. Unter den ihm besonders befreundeten Bürgermeistern Schubert und Müller nahm der Verlauf des Prozesses noch einen sachlichen und friedlichen Charakter an. Erst später trat dann durch gegenseitige Erregung der Gemüter jene Heftigkeit der Streitführung zu Tage.

Rinckarts finanzielle Verhältnisse wurden durch den Prozeß nicht bedeutend geschädigt. Er blieb nach wie vor ein begüterter Mann und galt sogar bis zu seinem Tode für einen der vermögendsten Bürger der Stadt. Er verdankte seinen Reichtum hauptsächlich der Bierbrauerei. Schon die Prozeßakten weisen darauf hin, daß Rinckart „seine bürgerliche Nahrung getrieben und dabei prosperiert habe, also daß jetzt Keiner ihm an Baarschaft gleich sei". Alle bisherigen Berichte, daß der Dichter am Ende seines Lebens verarmt sei, werden vollends widerlegt durch folgende Stelle aus dem Briefe Fiedlers vom 1. Dezember 1648. Es heiß hier:

„Cum Martino Rinckarto, Archidiacono Ileburgensi, jam multis annis amicitiam colo intimam per litteras; nondum enim ipsum vidi … Contionator est gravissimus et eximiae auctoritatis et valde dives".

4 im Original vorliegende Werke Rinckarts aus dem Besitz der Universitätsbibliothek Leipzig

M. Martin Rinckarts
Summarischer Discurs vnd Durch-Gang/
Von Teutschen Versen/ Fuß-Tritten vnd vornehmsten Reim-Arten.

Benebenst einem Register seiner bißher dergleichen verfertigten vnd hieher gehörigen Sachen.

Im Jahr vnsers Heyls vnd Heylandes
1645.

Leipzig/
Gedruckt vnd verlegt von vnd bey
TIMOTHEO RITZSCHEN.

Domino & Deo meo
JESU CHRISTO SACRUM
CIRCULORUM MEMORIÆ DECAS.
Zehenfacher Biblischer vnd Kirchen-Historischer
Local- vnd Gedenck-Rinck/
oder Gedenck-Circul:

Wie die vornehmsten/ der gantzen H. Göttlichen Schrifft/ vnd Christlichen Kirchen Sachen vnd Personen: die heiligen Ertzväter; Pharaones; Heerführer; Richter; Könige; Monarchen; Helden; Hohepriester; Propheten; Aposteln; Patres; Bischoffe; Päpste; Keyser; Chur- vnd Fürsten zu Sachsen; Ingleichen dero Häupt- vnd neben-Symbola; vornehmste Concilia; Certamina; Streit-Schrifften/ vnd Academien, &c.

Nach ihren Büchern/ Capiteln/ Thaten vnd Zeiten/
1. Kürtzlich/ 2. Ordentlich/ vnd 3. Leichtlich
ins Gedächtnis zu bringen.

Der studirenden Jugend/ Ordinandis, Chronologis, vnd jedermänniglichen mit Nutz vnd Lust zu gebrauchen.

Auff eine besondere in der Praefation erklärte
Weise lociret vnd auffgesetzet
Von M. MARTINO RINCKARTO, P. L.
Ecclef. Patr. Ilebergensis ArchiDiac.

AD LECTOREM.
HISTORIÆ in Pelagus lubet expatiarier amplum?
Huic ades; absolvet totum iter una Dies.

Leipzig/ bey Eliæ Rehfeld vnd Joh. Grossen/ Buchf.
Typis LANCKISIANIS.

M. Mart. Rinckart.
Die Meisnische Thränen-Saat.

Im Jahr
Vnsers Heyls vnd Heylandes
1637.

Leipzig/
Gedruckt bey Gregor Ritzschen.

MONETARIUS SEDITIOSUS
Sive
INCENDIA RUSTICORUM BELLICA
& reliqua ejus luftri memorabilia.
Der Müntzerische Bawren-Krieg/ so Anno 1525. in das Evangelische
Reformationwerck mit eingefallen: Vnd
was Gott die Hohe Maj. durch ihren dazu
sonders außerwehlten Rüstzeug
Doct. MARTINUM LUTHERUM
dabey gethan vnd verrichtet.

Auch sich sonst/ sint dem Wormischen Reichs-Tage an/ Anno 21. 22. 23. 24. vnd sonderlich 1525.
in Geist- vnd Weltlichen sachen/ in vnd außerhalb
Landes begeben vnd zugetragen.

Aus ãnderen/ Philippo/ Sleidano, vnd andern fürnembsten Chronologis, fast auff alle Monat/ Wochen vnd Tage außträcklich specificirt: Vnd nicht allein Comes dienstweise/ sondern auch als ein richtiges
vnd lustiges
COMPENDIUM HISTORICUM
Ordentlich verfasset vnd zugerichtet:
Vnd der jetzigen sichern Welt/ zum nothwendigen

Lehr- vnd Warnungs-Spiegel
Beym instehenden Seculo vor Augen gestellet/
Durch
M. MARTINUM RINCKHARDUM,
P. L. In Patria Ileberga ArchiDiaconum.

Leipzig/
In Verlegung Eliæ Rehfelds vnd Johann Grossen.

25. DES DICHTERS LETZTE LEBENSJAHRE

Nach dem Zeugnis von Regina Oheim, Rinckarts Tochter, auf welches sich Elteste stützt, soll er in den letzten Lebensjahren ganz schwach und gebrechlich gewesen sein. Es liegt kein Grund vor, diese Angabe zu bestreiten. Linke hält den Dichter schon vom Jahre 1637 ab für einen gebrechlichen Mann und wünscht, die Entstehung des Liedes „Nun danket alle Gott" in die „Zeit der vollen Kraftfülle des Dichters auf der Höhe seines Lebens" zu legen. In Wahrheit wissen wir von Krankheiten Rinckarts wenig. Außer den in frühe Kindheit fallenden beiden Unfällen erwähnt das „itinerarium vitae" 3 vorübergehende Krankheiten. Die eine fällt in das Jahr 1611:
„Jam nunc devici cunctos Mavortios hostes
Et tua parta mihi, Christe, corona datur".
– „Sic credebam morbo periculoso vicinus". –

Die andere traf ihn 1636:
„Denique fert morbum mihi quinquagesimus annus
Fatalem, vincunt fata secunda malum".

Endlich scheint der Dichter im Jahre 1641 schwerer krank gewesen zu sein:
„Sunt inimica mihi Scorpi vires atque Saturni [62]
Vim fati Jesus vincit utramque, micans".

Diese letztere Erkrankung hätten die Biographen bereits durch „die Brautmesse" vom Jahre 1642 erfahren können. In den gebräuchlichen carminibus fautorum besingen hier zwei Freunde Rinckarts, der Kirchenlieddichter Johann Maukisch und der Chemnitzer Rektor Andreä den „Autorem", der „auch auf dem Siechbette kann dichten, singen, siegen und obliegen". Welche Umstände das Lebensende Rinckarts herbeiführten, ist gänzlich unbekannt. Der dichte Schleier, welcher über diesem Punkte der Biographie liegt, wird, da auch Samuel Rinckart in seinen Schriften nichts erwähnt, wohl niemals gelüftet werden. Der schon mehrfach genannte Magister Fiedler bringt nur die kurze Notiz in einem Briefe vom 20. Januar 1650: „Aliquot ab hinc septimanis fatis concessit Ileburgi optimus senex et poeta perquabonus M. Martinus Rinckartus". Gottes Gnade ließ den Dichter noch den friedlichen Abschluß des 30jährigen Krieges erleben, auf welchen er so lange gehofft, und welchen er im voraus besungen. Bald darauf, am 8. Dezember 1649, ging er heim, ein Glaubensheld in die ewigen Gefilde des Friedens! Der bisher oft angezweifelte Sterbetag dürfte durch die aufgefundenen Papiere nunmehr auch gesichert sein. Eine Leichenrede des Pastors Heinßius zu Püchau auf Anna Sophia Gräfe, eine Enkelin Rinckarts, bestätigt das eben angeführte Datum. Auch ist in der „Leichenschrift" Rinckarts die von ihm freigelassene Stelle seines Todestages von der Hand seines Sohnes Samuel durch die Eintragung des 8. Dezember 1649 ausgefüllt. Die Gebeine des langjährigen Gottesknechtes bettete man vor der Sakristei in der Stadtkirche, an der Stelle, wo er 32 Jahre lang Beichte gehalten hatte. Die Leichenrede hielt der Superintendent Buchholz über Philipp. 1, 21: „Christus ist mein Leben und Sterben mein Gewinn". Es war der von Rinckart selbst bestimmte Text, welchem er im „Sterbensbericht" folgende Auslegung vorschrieb: „Christus vita mihi, mors erit igitur lucrum; vita 1. naturalis, 2. spiritualis, 3.

aeternalis; lucrum 1. naturale, 2. spirituale, 3. aeternale. Christus mein dreifach Leben, mein Tod dreifach Gewinn". Auch die Inschrift für seine Grabtafel hatte sich Rinckart angefertigt. Sie ist uns ebenfalls in den Papieren erhalten und lautet:

DOMINO DEO ET SERVATORI MEO;
JESU CHRISTO; SACRUM:
M. MARTINUS RINCK-ART;
In inclyto Comitatu Mansfeldensi quondam Cantor, Diaconus et Pastor,
Tandem ecclesiae patriae Ilebergensis Archidiaconus.
Natus Ao. regnantis gratiae 1586 23 Aprilis Denasci visus ibid: Ao.

Ad lectores:
Quaeritis, hic quid agam? EXPECTO dum membra resurgant
Mortua: qui dederat, reddere nonne queat?
In meum annulum:
1. Cur mihi perpetuis cuncta involvantur Annelis
Quaeritis? in promptu causa nec una mihi est.
Annulus ipse refert Christum; Christusque Parentem,
Punctum sed vacuum Spiritus omne replet.
2. Annulus immemorem mihi nominis indidit ortum
Officium atque patris victoris erat signum.
Annulus in digito fecit gemmea dona Tonantis

Das Grab Rinckarts wurde 1928 beim Bau der Luftheizung gefunden.

Et monet aeternis condecoranda metris.
Annulus in sese velut est rotundus et durus.
Sic ego sum Christi Nomine reque mei.
M. Mart. Rinckart.

„Was mach ich in der Gruft? Ich warte, bis erstehe
Mein hier begrabener Leib und ein zum Leben gehe.
Der mich aus nichts gemacht, wird auch durch seine Treu
Und durch sein Blut und Tot viel leichter machen neu.
Mein Heiland, Ringelrund, ohn' Anfang und ohn' Ende
Nahm in der Taufe mich in seine Gnadenhände
Und kannt' und nannte mich vom Ring und Rinckes Art,
Zum ewig runden Trost, eh' ich geboren ward".

Die Verse sind in die Form eines aufgezeichneten Ringes eingetragen. Solcher Andeutung entsprechend wurde dann auch nach seinem Tode das Epitaphium mit einem übergoldeten Ringe in der Mitte angefertigt.

Allerdings hat es hier eine vielfache Umänderung, wahrscheinlich durch Samuels, seines Sohnes, Hand erfahren. Wenigstens stimmt die bei Beschreibung des Grabmals Rinckarts vom Chronisten Simon erwähnte Inschrift nicht mit obiger Fassung überein. Namentlich sind bei Simon die lateinischen Verse bedeutend geändert und gekürzt. Am Eingang zur Sakristei brachte man eine Kupfertafel an, welche einen übergoldeten Ring in der Mitte trug. In ihm befanden sich zum Teil die schon erwähnten lateinischen und deutschen Verse eingetragen. Der untere Teil der Gedenktafel trug Rinckarts Bild, der obere ein Kreuz mit dem Worte: „Musika". Auf den vier Leisten der Tafel aber standen die biographischen Vermerke, sowie die deutschen Verse:

„Welt Stroh-Sack gute Nacht; ich hab' ein Bette funden
Und alle meine Feind' in Christo überwunden.
Den will ich preisen dort mit allen Cherubim
Aufs große Friedensfest mit ewig hoher Stimm".

Da sich diese Verse nicht im ursprünglichen Epitaphium vorfinden, so wird ihre Abfassung wohl ebenfalls von Samuel herrühren, welcher damit dem Vater eine letzte sinnige Widmung verlieh.

Sterberegister 1649, Nr. 58, vom 11. Dezember

Decembris 11

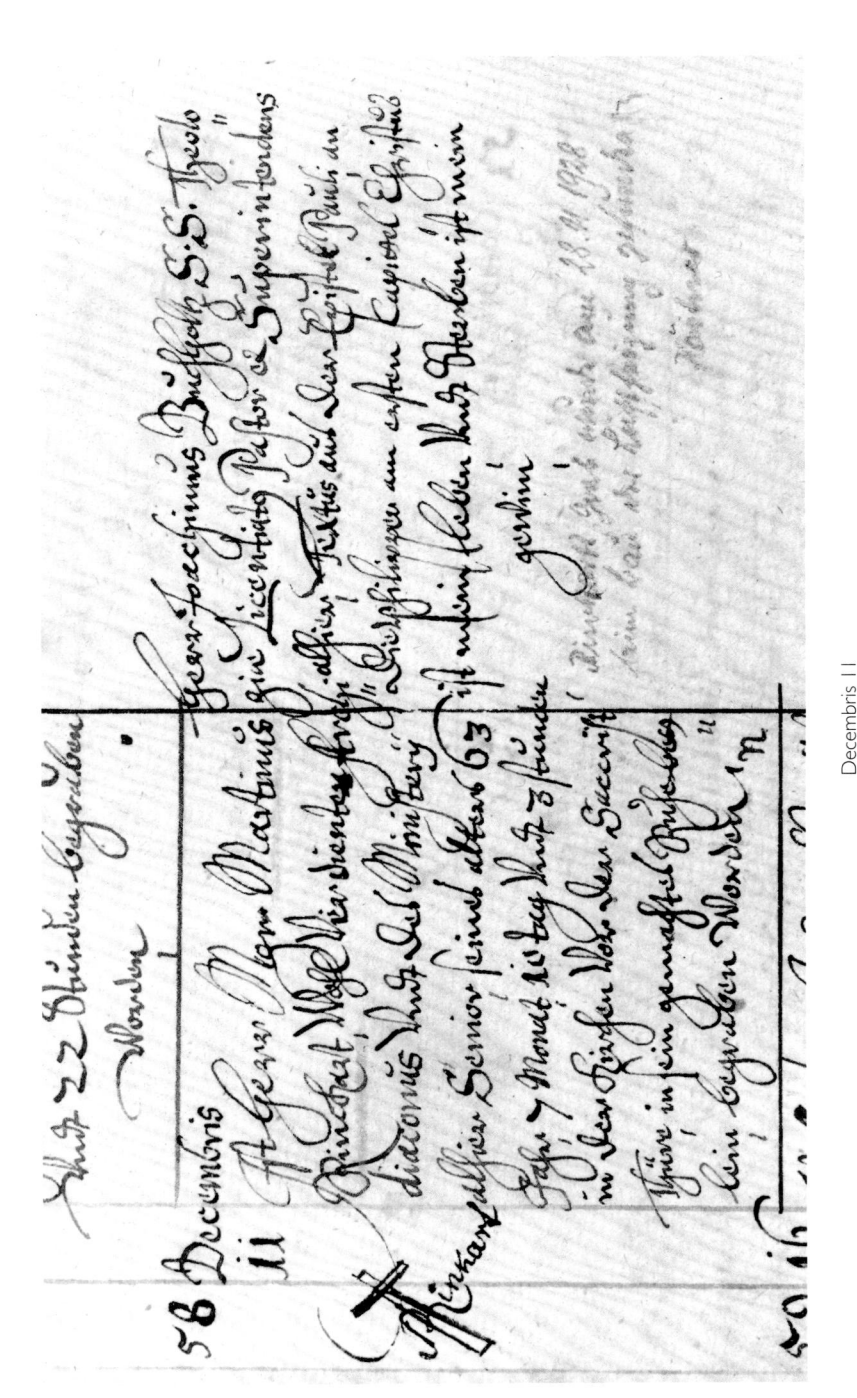

Ist Herr Mgr: Martinus Rinckart, Wohl Verdienter Archidiakonus undt des Ministery allhier Senior; seines alters 63 Jahr 7 Monat 10tag Undt 3stunden in der Kirchen Vor der Saccristei Thüre in sein gemachtes Ruhebettlein begraben worden.

Herr Joachimus Buchholtz SS.Theologie Licentiatg Pastor undt Superintendens allhier; Tixtus aus der Epistel Pauli an die Philipper am ersten Kapitel Christus ist mein leben Undt Sterben ist mein Gewinn.

Rinckarts Grab wurde am 28.11.1928 beim Bau der Luftheizung gefunden. Kästner

26. RINCKARTS NACHKOMMENSCHAFT

Der Dichter hinterließ keinen großen Familienkreis. Aufrichtig trauerte um ihn seine zweite Ehegattin Barbara. Sie starb erst am 26. September 1687 und wurde mit in der Gruft Rinckarts beigesetzt, da, wie die Grabtafel sagte, „die mit Gott in Glauben und Liebe vereinigt ein Herz und eine Seele waren, auch im Grabe nicht geschieden sein möchten". Von leiblichen Kindern klagten um den heimgegangenen Vater die 3 Geschwister Samuel, Salome und Regina. Doch auch die Stieftochter, Maria Scheffler, hatte dem Herzen des Pflegevaters innig nahe gestanden. Bei ihrer Hochzeit mit dem Blaser Hieronymus Richter zu Eilenburg, im Jahre 1646, hatte er ihr noch das Brautlied verfaßt. Samuel Rinckart war ebenfalls Theologe. Nachdem er in früher Jugend die Eilenburger Stadtschule besucht, bildete er sich auf den Gymnasien zu Eisleben und Pforta weiterhin aus und studierte dann zu Leipzig und Wittenberg Theologie. Im Jahre 1647 ging er als Erzieher in das Haus des Patriziers Dietrich Langermann zu Hamburg. Nach dem Tode des Vaters aber kam er wieder nach Eilenburg und wurde Informator bei den Kindern des Amtsschössers Johann Fischer. Hier verlobte er sich mit der Tochter des Hauses, Anna Regina, die er als späterer Pfarrer zu Weltewitz am 31. März 1652 heimführte. Der eigenhändige Lebensbericht Samuels, welcher sich unter den Gräfeschen Familiendokumenten befindet, enthält viele Einzelheiten über dessen bewegte Lebensjahre und läßt seine kraftvolle Persönlichkeit in der Neuordnung der durch den Krieg völlig verwahrlosten Pfarrei hervortreten. Er hatte unter den Nachwehen des unseligen Krieges, vor allem durch Brandstifter und Ehrabschneider, viel zu leiden. Er beschloß sein Leben am Palmensonntag, den 12. April, 1685 im Alter von 64 Jahren. Samuel war, wie sein Vater, ungemein literarisch begabt. Doch neigte seine Muse mehr zur historischen Darstellung hin. Im Druck erschien nur ein Werk: „Güntherodische Himmelspforte und Wölpernscher Kirchen-Einweihungs-Gedenk-Ring". Die Veröffentlichung des in dem Gräfschen Familienschatz befindlichen Manuskriptes würde von großem Interesse sein. Mit Samuel erlosch das Geschlecht der Rinckarte im Mannesstamme, da seine 4 Söhne ohne Nachkommenschaft verstarben. Von seinen 9 Töchtern heiratete Anna Sophia den Pfarrsubstituten und späteren Amtsnachfolger ihres Vaters, den Magister Johann Gräfe. Über ihr Leben sind wir durch die handschriftliche Leichenpredigt des Pfarrers Heinßius zu Püchau, welcher mit Bertha Förster, einer Enkelin von Anna Sophia, vermählt war, besonders eingehend unterrichtet. Diese Grabrede, gehalten am Begräbnistage der „hochbetagten Frau Großmutter am 8. Dezember 1775", wirft auch verschiedene Streiflichter auf die Familie Martin Rinckarts. Salome, die an M. Ernst Dähne, (auch Dehne oder Däne geschrieben) des Vaters Mitkollegen und späteren Amtsnachfolger verheiratete Tochter Martin Rinckarts, hinterließ aus dieser Ehe eine zahlreiche Nachkommenschaft, die indessen ebenfalls im Mannesstamme ausstarb. Bei Restaurierung des alten Gottesackers zu Delitzsch wurde im Jahre 1899 der Grabstein dieser Tochter Rinckarts mit folgendem Wortlaute aufgefunden:

„Die Wohl E(h)rbare, Viel Ehr und Tugendsame Frau Salome gebohrne Rinckhardtinn, des Weyland Wohl Ehrwürdige(n) Grossachtbaren Wohlgelahrte(n) Herrn M. Ernesti Dehnens Wohlverdienten Archidiaconi in Eulenburg Seligen nachgelassene Frau Wittbe. Ward geboren In Eulenburg den 13. September 1625 Starb In Delitzsch den 16. Juni 1696 ihres Alters 70 Jahr und 9 Mon. hat gezeuget 3 Söhne und 11 Töchter und erlebet 48 Kindes-Kinder".

Sie starb wohl im Hause ihrer Tochter Ernestine, die zu Delitzsch an den Archidiakonus Ilgen verheiratet war.

Rinckarts Kind zweiter Ehe, Regina, war mit dem Lic. theol. Phil. Oheim, Pfarrer und Superintendenten zu Borna, vermählt. Sie wurde sehr alt und starb als Witwe zu Borna, woselbst sie nach dem Zeugnis dortigen Kirchbuchs „am Dom. Palmarum, den 13. April, 1710 zu Mittag um 12 Uhr bei sehr zahlreicher Versammlung zu ihrer Ruhestätte in der Gottesackerkirche gebracht worden ist". Ein Sohn Reginas, M. Joh. Phil. Oheim, war Pfarrer in Mutzschen. Von dessen 2 Söhnen war der eine Diakonus zu Borna, der andere lebte vorübergehend als Barbier zu Eilenburg. Eine weitere Deszendenz dieser Linie ließ sich nicht mehr ermitteln.

Dorfkirche zu Weltewitz

STAMMBAUM

Johannes Rinckart, der Ratsbauherr † 1530

1. Hieronymus R., der Fleischhalter † 1562

1. Elisabeth verehl. Felgner
2. Lukas
3. Simon
4. Anna verehl. Maßbach
5. Maria verehl. Gerstenberger
6. Bernhard (junior)
7. Esther verehl. Götzschke
8. Martin
9. Thomas
10. Barbara verehl. Kemnitz
11. Margaretha verehl. Naumann
12. Gertrud verehl. Beiche

Kinder der Maria Gerstenberger: 1. Maria, 2. Bernhard, 3. Jakob, 4. Gertrud

Kinder des Martin: 1. Johannes, 2. Martin, 3. Katharina

Kinder des Thomas: 1. Barbara, 2. Thomas, 3. Bernhard, 4. Katharina, 5. Georg, 6. Gertrud, 7. Hänschen

13. Mattheus
14. Georg, der Böttchermeister *1553 †1613 verheiratet mit Salome Petzsch
15. Hieronymus
16. Christoph
17. Johannes

2. Bernhard R., der Ratsbaumeister † 1578

1. Gertrud
2. Martin
3. Margarethe

(aus erster Ehe:) 1. Martin, 2. Christine, 3. Samuel, 4. Anna Dorothea
(aus zweiter Ehe:) 5. Salome verehl. Dehne, 6. Anna Sophia, 7. Regina verehl. an Sup. Oheim zu Borna

1. Georg
2. Anna
3. Johannes
4. Martin, der Archidiakonus *24.4.1586 †8.12.1649 verheiratet mit Christine Morgenstern in erster Ehe und mit Barbara Scheffler, geb. Werner, in zweiter Ehe
5. Adam
6. Bernhard
7. Elias
8. Salome

Kinder der Regina: Joh. Philipp, Pfarrer zu Mutzschen

Kinder des Martin:
1. Anna Christina verehl. mit Bürgermstr. Martini zu Borna
2. Ernst *1646 †1650
3. Katharina verehl. mit Pfarrer Jonas Dietschern zu Wahrenbrück
4. Salome Elisabeth verehl. mit Archidiakonus Seb. Kühne zu Borna
5. Sophia verehl. an Aktuar Chr. Scheffler zu Dresden
6. Anna Maria *1653 †1654
7. Kaspar Adam *1655 † eod. a.
8. Regina Elisabeth *1656 † eodem die
9. Rahel verehl. mit Pfarrer Christm. Bornmann zu Liebehna
10. Ernestina verehl. mit Archidiakonus Ilgen zu Delitzsch
11. Johanna Esther verehl. mit Joh. Georg Güllnern
12. Agnes *1661 verehl. mit Bürger Fund zu Eilenburg
13. Philipp Ernst *1662 †1664
14. Philippine *1665 verehl. mit Pfarrer Hartmann zu Landsberg

1. Johann Paul
2. Anna Barbara
3. Anna Christina
4. Anna Regina
5. Anna Magdalena
6. Anna Blandina
7. Johann Samuel
8. Anna Sophia verehl. Gräfe zu Weltewitz
9. Johann Martin
10. Anna Elisabeth

11. Anna Maria
12. Rigina Elisabeth
13. Johann Gottfried

1. M. Fr. Rud. Gräfe
2. Sophia Dorothea verehl. Müller zu Altenburg
3. Sophia Christina verehl. Förster
4. Sophia Elisabeth verehl. Reichel zu Wendischlinda
5. Sophia Regina verehl. Laurentius
6. Sophia Auguste verehl. Einwald
7. Karl Rudolf

1. Christian Gottfried
2. Johann Rudolf Pfarrer zu Großhühel

Auguste Bertha verehl. Heinßius

Karl Rudolf Reichel
Jakob Daniel Reichel Bischof in Herrnhut

Johann Gotthelf Pfarrer in Paupitzsch

Karl Rudolf Pfarrer in Peißen † 1882

1. Marie verehl. Schröder
2. Rudolfine verehl. Wilde
3. Bernhard Amtsgerichtsrat a.D.
4. Welli verehl. Helmcke
5. Hildegard verehl. Bertuch
6. Ida
7. Otto
8. Agnes
9. Georg Hauptmann a.D.

27. DIE BEDEUTUNG RINCKARTS

Überblicken wir zum Schluß vorliegender Biographie die von uns gewonnenen Ergebnisse, so tritt uns aus dem Rahmen derselben die Persönlichkeit Martin Rinckarts als das Bild eines Glaubenshelden entgegen, welcher unerschütterlich alle Nöte und Kämpfe zu überwinden wußte. Beseelt von der religiösen Begeisterung des Zeitalters der Reformation wurde er auch unter Glaubensabfall und Zügellosigkeit jener furchtbaren Jahre des 30jährigen Krieges ein mutiger Bekenner evangelischer Wahrheit und ein treu bewährter Hirte seiner heimischen Gemeinde. In der Geschichte dessen, was die Chroniken über die herrlichen Zeugnisse von Opfersinn und Glaubenstreue zu berichten wissen, durch welche der Pfarrerstand der evangelisch-lutherischen Gemeinden Sachsens in jenen Drangsalszeiten sich auszeichnete, wird allezeit auch dem Archidiakonus Rinckart ein Ehrengedächtnis gesichert sein. Wie er es oft liebte, seinen Namen als den „eines gleich einem Ringe harten" auszulegen, so beweist er sich auch in seinem ganzen Leben als ein in sich abgeschlossener unbeugsamer Mann, dessen alleiniges Gesetz der frei machende evangelische Glaube ist. All seine Dichtungen, insbesondere die köstliche Perle derselben, welche das Danklied der evangelischen Kirche geworden ist, sind ebenfalls nur ein Ausfluß der in ihm lebenden Gotteskraft. So ist es in erster Linie der Theologe, welcher in der Person Martin Rinckarts unsere volle Bewunderung für sich in Anspruch nimmt. Wir dürfen deshalb an dem religiösen Berufsleben desselben nicht vorübergehen, ohne es einer eingehenderen psychologischen Betrachtung zu unterziehen.

Einen tiefen Einblick in das reiche Gemütsleben des Gottesmannes gewinnen wir aus dem „Sterbensberichte" der Manuskripte, woselbst er gleichsam als eine Beichte seines Lebens die Worte niederschrieb: „In meinem heißgeliebten Vaterland zum Diaconus und Mitarbeiter begehrt und eingekleidet, bin ich dem ungeachtet, was vor andere Mittel und Wege zu weiterer Beförderung vorausgesetzt, verblieben und habe mein vom Allmächtigen mir verliehenes Fündlein dem Vermögen, das der Höchste selbst dargereichet, willig an und ausgetheilet. Wie wohl ich nun aber dieser und aller anderen Gnad und Wohltat bei weitem nicht so dankbar gewesen, als ich wohl von Rechts und Gottes Wegen sein und nach dem übermütigen alten Menschen sein wollen, auch sonsten in gemeinem christlichen Lebens-und Wandel Lauff leider auch viel gethan, daß ich nicht thun sollen, so hat doch mein treuer und trauter Heiland und sein guter Geist, der in mir gelebet, stets die Oberhand behalten, mich, wenn ich gestrauchelt, durch Erneuerung wahrer und rechtschaffener Buße wieder aufgerichtet und wenn ich schwach, müde und matt worden im Kampfe des Glaubens mit seinem Worte und hochwürdigen Sakramente wiederum kräftiglich gestärket und also bis an mein selig Ende in wahrem rechtschaffenen und ungefällten Glauben mit treuer allmächtiger Glaubenshand erhalten. Durch denselben, meinen und Euren Erlöser und Seligmacher Jesum Christum, befehle ich all die Lieben zu viel 100 000 gute Tag und Nacht, bis wir einander durch und mit Ihm dort fröhlich wiedersehen und Ihn sammt dem himmlischen Vater und heiligen Geiste für alle seine unausprechliche Gnadenwohlthaten in aller ewigen Ewigkeit loben und preisen. Amen!" Es ist der Ausdruck eines abgeklärten christlichen Charakters, der uns hier entgegenleuchtet. Denselben Hauch eines glaubensfesten Gemütes atmen auch die im Druck erschienenen und noch erhaltenen Predigten Rinckarts. Von seinen Katechismuspredigten ist uns keine erhalten. Die noch vorhandenen geistlichen Reden sind, wie dies zu jener Zeit vielfach üblich, in Druck gegebene Leichenpredigten. Jesus Christus wird als das alleinige Heil in den Vordergrund der evangelischen Verkündigung gerückt. „Wer recht sehen und wählen will, wandle und handle nach Anleitung des h. Geistes im Lichte des göttlichen Wortes, daß er im Lichte das Licht sehend (Ps. 36,10) und im Gedächtnis haltend Jesum Christum, in ihm den Kern und Stern der ganzen heiligen Schrift erkenne, den Anfang aus der Höhe, das Licht der Welt und die Sonne der Gerechtigkeit." Dogmatisch ist Christus für Rinckart „das hypostatische Urbild, d. i. das wesentliche, selbständige, persönliche, lebendige und schöpferische Ebenbild des ewigen und allmächtigen Gottes." – „Schon das Brautlied des himmlischen Königs, der 45. Psalm, kündigt ihn als den Schönsten unter allen Menschenkindern an; so ist er aber auch das höchste Liebeslied, in Liebe von dem himmlischen Vater gezeuget, seine und seiner Engel Freude und Wonne vor und wie nach seiner Menschwerdung". Der Schwerpunkt der Erlösung wird in den Predigten indessen durchweg auf den Opfertod Jesu gelegt. „Bilde ihn Dir nicht anders ein, als wie er am Kreuzesstamme für Dich geblutet, wie er Dir zu Gute die Hölle zerstört und der höllischen Schlangenbrut den Drachenkopf zertreten hat, und wie er Dich und mich und alle seine Auserwählten mit seinem fröhlichen Ostertriumphe anruft: Ich lebe und Du sollst auch leben! So wirst Du mitten in Noth und Tod mit König David fröhlich antworten: ich will anschauen Dein Antlitz in Gerechtigkeit, ich will satt werden, wenn ich erwache, nach Deinem Bilde. Ps. 17,15."

Herzens- und Lebenserneurung im lebendigen Glauben an Christum fordernd ergeht sich dabei die Rede nicht in dem scharfen Bußton, wie er vielfach den Predigern jener Zeit eigen war, sondern das Bild des Heilandes wird gezeigt, „wie er nicht etwa blitzend und donnernd, sondern in hingebender Liebe am Kreuze blutend, allen Mühseligen und Beladenen seine hülfreichen Arme entgegenstreckt oder wie er als der rechte Keltertreter mit den Weintrauben seines Verdienstes allen gnadenhungrigen Seelen segnend zuruft: „Esset meine Lieben und trinket, meine Freunde". Bei aller Herzensberedsamkeit, durch welche Rinckart in seinen Predigten so besonders erbaulich zu wirken verstand, war er doch als Homilet nicht frei von den Mängeln seiner Zeit. Bei dem Hange der ganzen Zeit zu einer begriffspaltenden Methode und dem der damaligen Theologie zu logischer in lateinischer Terminologie sich ergehenden Denkweise baut sich auch Rinckarts geistliche Rede zu einer den Gedankengang des Textes in Stücke gliedernden und mit Nutzanwendung versehenen Technik aus. Die Unsitte mehrfacher Exordien findet sich in jeder seiner Predigten vor. Wir führen als charakteristisches Beispiel seiner Gabe, zu disponieren die Angabe vom Thema und Teilen einer Grabrede an, welche er 1621 dem Söhnlein seines Superintendenten Leyser hielt. Sie ist zugleich ein Beleg der von ihm vielfach angewandten parallelitischen Textbehandlung: „Domino et deo meo Jesu Christo sacra: Vera verae societatis Jesu

insignia. Das ist die rechte wahre und Gott wohlgefellige Societet und Brüderschaft des Herrn Jesu, sampt ihren Orden, Ordensregeln und Kennzeichen. Zum letzten Ehrengedechtnis einem christlichen und seligen Creutz-Brüderlein Georgio Leyserulo etc.
Introitus generalis:
Textus: (Matth. 10 + 16. Marc. 8. Luc. 9 + 14. Joh. 12.)
Introitus specialis:
Propositio: „De vera verae societatis Jesu ordine et ejus regulis et signo.
Tractatio:
   1. Defenitio generalis.
   2. Defenitio specialis
I. Insignes fratres.
   1. Ordo electorum omnium.
     a) Usus 1.
     b) Usus 2.
     c) Usus 3.
   2. Ordo ministrorum Christi omnium.
     a) In genere Christi omnium.
     b) In specie ministri ecclesiae.
       α. quod fit.
       β. cur fit.
         א. ratione professionis.
         ב. ratione offensionis.
         ג. ratione aeddificationis.
           A. an fit?
           B. quid fit?
         ד. ratione glorificationis.
           A. regulae
           B. usus.
   3. Ordo discipulorum omnium.
     a) Portatores crucis.
     b) Frates crucis.

II. Insignes cruces.
   1. Quoad necessitatem.
   2. Quoad qualitatem.
     a) Usus 1.
     b) Usus 2.
     c) Usus 3.
   3. Quoad quidditatem.
   4. Quoad diversitatem.
     a) in genere.
     b) in specie.
       α. crux externa
       β. crux interna.
   5. Quoad quantitatem.
     a) in genere.
       α. quid fit.
       β. cur fit
     b) in specie crucis levitas.
       α. recte ferendo.
       β. recte intuendo.
       γ. recte incredendo.
Conclusio: Personalia. Votum".

Wir sehen, der freie kühne Aufbau der Predigt, welcher der frischen Zeugniskraft des Reformationszeitalters eigen war, ist bereits bei Rinckart einem verständigen methodischen Ausbau gewichen. Auch in anderer Beziehung noch charakterisieren die geistlichen Reden Rinckarts den Predigtgeschmack des 17. Jahrhunderts. Die Sucht zu allegorisieren, wie sie gerade den mehr biblisch erbaulichen Predigern eigen war, findet sich auch bei ihm und führt häufig zur Darstellung und Durchführung des Themas und der einzelnen Teile unter lauter konkreten und oft recht drastischen Vergleichungen. So lautet der Titel einer Leichenpredigt auf Lukas Leyser 1635: „Des Herrn Jesu aller altehrlichste Malergeschlechte, aller vortrefflichste Mahlwerk und allerschönste Trostbild". In dieser Abdankung wird unter Hindeutung auf den Tauf- und Malernamen Lukas, des verstorbenen Kindes die Beziehung zu dem Evangelisten Lukas, welcher als erster christlicher Maler gegolten, zu Lukas Kranach, dem berühmten Maler, sowie zu Lukas Osiander und Polykarp Leyser, den bewährten Meistern der geistlichen Malerkunst, gewonnen. Thema und Teile werden dementsprechend mit lauter Vergleichen aus der Malerei durchgeführt. Eine ältere Leichenpredigt aus Erdeborn, gehalten auf den Erbjunker Hans Steuber zu Lytichendorf am 6. März 1616, führt den Gedanken aus: „Der christlichen einiges Seelenrezept ... Das Blut Jesu Christi ... aus der himmlischen Apoteca Gottes des heiligen Geistes und den heilflüssigen 5 Wunden Christi zu präparieren und hochnützlich zu gebrauchen gestellt … Recipe quinque salutifluas, quas 1. Jehova 2. Homo 3. Frater et 4. Insons 5. Praes. fudit, guttas: imbibe, salvus eris". Allerdings vertrug die Anschauung jener Zeit auch in geistlichen Dingen weit mehr in Derbheit des Ausdrucks und in Naivität der Bilder als unsere heutige. Dennoch wirken derartige Eigenheiten, welche oft die Form schnörkelhafter Verzierungen annehmen, in der Predigtweise Rinckarts störend. Ebenso hemmt bei ihm ein allzu großer Reichtum biblischer Zitate den freieren Strom der Rede. Trotz der hervorgehobenen Mängel zeichnet sich Rinckarts Kanzelvortrag durch eine besondere Gabe der Illustration aus, welche auch für unsere moderne Predigt noch in vieler Beziehung vorbildlich sein dürfte. Nur wenige Beispiele werden genügen. „Alexander, der kleine Weltherr, hatte bei Leibesstrafe verboten, daß ihn niemand anders als Lysippus in Stein, Erz oder Holz bilden solle; denn er wollte unschimpfiert bleiben. So hat Gott, der allmächtige Weltherr, im ersten Gebote bei Leibes- und Lebensstrafe verboten, daß ihn niemand soll ein Bildnis oder Gleichnis machen, außer dem, wie er sich selbst offenbart in dem Ebenbilde seines Sohnes". – „Demetrius verschonte, als er Rhodus eingenommen, die Hauptstadt der Insel, die er erst den Flammen übergeben wollte, um eines einzigen in ihr befindlichen kunstreichen Bildes willen. So besteht die Welt, weil das allerliebste Ebenbild Gottes mitten in ihr, der Stadt Gottes ist". Besonders anerkennenswert erscheint uns bei der Predigtart Rinckarts seine pastorale Weisheit in Zurückhaltung polemischer Ausfälle. Daß er durch seine Ausbildung zu Leipzig, der Hochburg des polemisch konfessionellen Dogmatismus, in den ersten Jahren seines Pfarramtes die „wahre Frömmigkeit" nur in der einen lutherischen Lehre erblickte, haben wir bereits gesehen. Und daß sich seine religiöse Leidenschaft bis zur strengen Bekenntnisform gegen Bekenntnisform steigern konnte, beweist der „Eislebische christliche Ritter". Auch mußte unter dem Einfluß des fanatischen Oberhofpredigers Hoe von Hoenegg[63], in dessen Händen sich die Leitung der kursächsischen Landeskirche befand, bei den Pfarrern der lutherichen Gemeinden die scholastische Polemik eher steigern, als vermindern. Dennoch trägt Rinckart den Streit der Parteien und das ärgerliche Schulgezänk nicht durch die Predigt vor seine Gemeinde. Wohl finden sich hier und da vorübergehende Hindeutungen auf die „Finsternis ägyptischen Papsttums" oder die „heidnische Gotteslästerung" der Kalvinisten, aber die Rede artet nicht aus zur didaktischen Konfessionspredigt. Bedienten sich doch die lutherischen Geistlichen Sachsens in ihren antikalvinistischen Vorurteilen oft noch weit stärkerer Ausdrucksweise. So führte Hoe von Hohenegg in einer Schrift v. J. 1621 den Nachweis, daß die Kalvinisten in 99 Punkten mit den Arianern und Mohamedanern übereinstimmen. Während auf diese Weise die Kanzeln von heftigen Ausfällen gegen die Krytokalvinisten, Synergisten u.a.m. widerhallten, schlug Rinckart den Ton einer gemäßigteren kirchlichen Predigt an. Und auch da, wo eine leidenschaftlichere Sprache das Wort führte, war es nicht so sehr Haß, als hohe Bewunderung und Liebe für Luther, dessen Lehre, Leben und Wandel ihm vorbildlich geworden war. Je mehr dann die Jammerzeit des 30jährigen Krieges mit ihrem schweren Leid und Elend die Menschenherzen in ihre Schule nahm, wuchs bei Rinckart in der Verkündigung des göttlichen Wortes immermehr der ruhigere irenische Zug hervor. So steht das abgeschlossene Bild seiner Persönlichkeit als das eines Pektoraltheologen vor uns, der den in ihm pulsierenden Christusglauben mit inniger Wärme verkündete und zugleich durch ein tatenreiches Leben erwies.

Wenden wir uns zu dem dichterischen Schaffen Martin Rinckarts, so kann es nicht Aufgabe vorliegender Biographie sein, dasselbe literarhistorisch eingehender zu beleuchten. Dennoch müssen wir die im Rahmen unseres geschichtlichen Lebensbildes berührten Erzeugnisse des Dichters, namentlich gegenüber den in anderen biographischen und hymnologischen Werken auftretenden Unrichtigkeiten, einer kurzen Beurteilung unterziehen. Wir haben hierbei von vornherein bei Rinckart zwei Perioden seiner Dichtkunst festzuhalten. Anfänglich ergeht sich seine Muse in den Formen lateinischer Poesie durch Anfertigung epischer Gedichte in der Vergilschen Sprache. Man darf nicht vergessen, daß man damals bereits in der Schule nicht nur lateinsch sprechen und schreiben, sondern auch dichten lernte. Die lateinische Sprache war das Gemeingut der gelehrten Welt. Bei aller Feinheit klassischen Stils atmen derartige Gedichte Rinckarts dennoch vielfach die Schwäche didaktischen Zweckes und allegorischer Spielerei. Eine Probe solcher litteratischen Tätigkeit aus dieser Zeit sind besonders die Magnalien, ein lateinisches Loblied auf die am 18. Oktober 1615 erfolgte Geburt der Zwillinge des Grafen Christoph von Mansfeld. Er besingt hierin den 18. Oktober als den Tag großer Ereignisse überhaupt. Der erste Teil feiert die Wiederkehr des 18. Oktober in der Geschichte (Laubhüttenfest Israels; Offenbarung Christi zu Jerusalem; Heiligentag St. Lucae; Gründungstag der Universitäten Heidelberg, Greifswald, Wittenberg; Luthers Promotion zum D. theol.; Sieg bei Kossova; Rettung von Weinsberg). Der zweite Teil feiert das Grafengeschlecht. Und, als ob der Dichter geahnt hätte, daß dieser Tag für die Zukunft des Landes noch Großes zeitigen würde, schließt er die Abteilungen des Gedichtes mit dem Refrain: „Salve magna dies majorque revertere semper!"

Wo sich der Dichter in dieser ersten Periode auch in der Abfassung deutscher Gedichte, so namentlich in den Leichenpredigten, versucht, beruht sein Dichten auf einer Metrik, bei welcher das Verständnis für Rhytmus vollkommen verloren geht. Sein Dichten ist Silbenzählung. Er stellt hierfür im Monet. sedit. die Regel auf: „Denique notetur regula Universalis". „Alle Versicul, die nicht 8 Syllaben haben, sind falsch gedruckt und leicht, doch bei der Aktion notwendig zu korrigieren". Der Inhalt des Stoffes verliert sich in vielfache Allegorie. Dies Gesagte gilt nun besonders auch von seinen ersten Lutherfestspielen- oder Komödien. Auch hier sind die Silben zum Versbau zusammengepreßt. Ebenso schlecht werden die Reime behandelt. Nur eine Probe aus dem Indulgentiarius genügt:

O Bapst, Du elend Kreatur,
Soviel Keyser! Könige! Chur-
und Fürsten, so mit alter Macht
Sich hie bevorn an Dich gemacht!"

Der Aufbau der Dramen trägt noch vollkommen die typische Form des 16. Jahrhunderts. Ein Prolog, zahlreiche Akte (gewöhnlich 5 an der Zahl) und ein Epilog suchen die Idee des Stückes zur sinnlichen Darstellung zu bringen. In der Allegorie ist hier ebenfalls Rinckart ein Meister. Freilich mochte es dem Geschmacke jener Zeit entsprechen, wenn unter leicht erkennbarer Maske Tetzel, Cajetan, Staupitz, Karlstadt u.s.w. auftraten und der Ablaßhandel und Bauernkrieg verspottet wurden. Die derb komischen Scenen „des Eislebischen christlichen Ritters", in welchen die aus dem Volksleben entnommenen frischen Gestalten des Leimstängers oder des Bauern Six und seines Weibes Pluhne auftreten, wirken noch heute auf uns durch ihre volle Lebenswahrheit und ihren gemütlichen breiten Dialekt. Bis zum Jahre 1625 geht Rinckart so die Bahnen alter Tradition. Von diesem Jahre ab beginnt die zweite periode seiner dichterischen Leistungen. Es war die Schrift von Opitz: „Von der deutschen Poeterei 1624", welche diesen Wechsel vollzog. Rinckart selbst schreibt in seinem „summarischen Diskurs und Durchgang von teutschen Versen, Fußtritten und vornehmsten Reimarten 1645": „Also hat uns der Allmächtige inmitten dieser Arbeit einen neuen Sprach Reformatoren und teutrschen Reim-Tichte-Meister erwecket, der uns durch Gottes abermahlige Gnade von toll und thörichten Kauder-Welschen Sprachen-Gemenge zu befreyen, und Natur mäßige recht-gebundene und ungezwungene Vers zu machen, die Bahn dermaßen gebrochen, daß ich mich der vorigen Reim-Arbeit billich und willig geschämet und eben dadurch von neuem lassen aufbringen mich in etwas anderes und auf bessere Weise zu versuchen". Auch ein in den Handschriften befindliches Sonnet beweist, wie freudig er die von Opitz ausgegangene Sprachreinigung begrüßte. Wir glauben deshalb den Wortlaut dieses Gedichtes nicht vorenthalten zu dürfen. Er heißt:

Sonnet
auf unsere neue Sprachreinigung
und deren Urheber.

Wie wenn die erste Lerch im Rufen „Poet"
    aufspringet,
So hör ich eine Klang, von ferne an der Saal.
Die Amsel schlug mit Lust auch an im
    „Werderthal".
Und wie ein Lerchenflug den anderen
    übersingt,
Nachdem sich einer hoch, der andere höher
    schwingt:
So über Büsche, sie, die Sanglerch an der Elb
Und schwang sich bis hinauf ans Himmels
    Hausgewölb.
Hei, dacht ich bei mir selbst: „Der Sprachen-
    frühling bringts.
Gewiß der Sommer auch". Indem hört ich vor
    allen
Der Brüger Nachtigal Sang Meisterlied
    erschallen.
Darauf ich überlaut: „Pandions Tochter führt
Die Sommervöget aus, die Sommervögel
    wieder
Die Sprachenmengerei vertilgen von der
    Erden
Und bringen bessre Zeit, wo man sprichwört-
    lich spürt".

Die Beziehung dieser Verse auf Opitz sowie die Freunde seiner Richtung, als Dietrich von dem Werder, Übersetzer des Tasso, Johann Rist, Stifter des Elbschwanordens u.a. läßt sich unschwer erkennen. Unter solchem Einfluß der neueren Dichterschule erhob nun Rinckart ebenfalls die deutsche Sprache zum Ausdruck seiner Dichtung und den Alexandriner zum Versmas. Zugleich begann seine Muse sich den biblischen Dichtungen zuzuwenden. Auch hier war ihm Opitz, der durch gereimte Bearbeitungen des Hohenliedes, der Psalmen, der Propheten u.a. das Vorbild gab, sein Führer. Auf diese Weise entstanden „Die teutsche Maria", „Die teutsche Hanna", Der teutsche Habukuk", „Der teutsche David", „Der Salomons Prediger" und jene hundert Schriftlieder, die er zum ersten Gesangring zusammenstellte. Auch auf seine dramatischen Werke übertrug Rinckart die von ihm gewonnene bessere Einsicht für Metrik. Er sagt hierüber im Diskurs: „Sind also mit der Zeit auf Opitzianischen Schlag verhoffentlich besser gerathen nun, Gottlob, unter anderen Lutherus Augustus, … Alexander Magnus Drama, … der König Salomo …" Von den Dramen: Lutherus Augustus und Alexander Magnus war schon oben die Rede. Das Drama: „Der König Salomo und sein Welt-großer Reichs-Tag" wird im Diskurs als Manuskript erwähnt und sollte den Friedensschluß als Schauspiel behandeln. Von diesen dramatischen Dichtungen ist auf unsere Zeit nichts weiter als ein Bruchstück aus dem Lutherus Augustus, die Weissagung des Kardinals Cusanus, gekommen. Für uns bleibt Martin Rinckart in der Hauptsache Liederdichter. Der Ansicht Linkes, welcher ihn in dieser Beziehung nach seine Leistungen zwischen Paul Gerhardt und Johannes Heermann stellt, vermögen wir nicht beizustimmen. Dazu erhob sich Rinckart durch Begabung wie Geschmacksrichtung in nichts über seine zeitgenössischen Liederdichter. Eine gewisse herzliche Breite, allegorische Spielerei und besonders ausschweifende Sprache, welche, auch in der Opitzschen Richtung, die Fehler damaliger Dichtkunst bildeten, waren besonders ihm in hohem Maße eigen. Wir verweisen auf den Titel eines Epizedions in der Leichenschrift „πολιτευμα Christianorum" vom Jahre 1635, welcher folgenden Wortlaut führt: „Der Christ- und Geistfreudigen Glaubenskämpferin, Frau Marien Scheibin … und ihrem mit gleichmäßiger Leibes und Glaubensschwindsucht und Scheinbittrigkeit des schon selbst vorlängst aller schwindsüchtigen Todes lang und hart streitenden Creutzgenossen bittersüße Lebenskraft: Lebenskrächtige Scheib und Schiebe-Seufftzerlein, girrendes Kranich- Schwalben- und Schwahnen Gesänglein u.s.w.". Als ein Beispiel überschwänglicher Ausdrucksweise mögen folgende Verse aus der Brautmesse vom Jahre 1642 dienen, woselbst der „himmlische Bräutigam" die Braut also ansingt:

„O Du meine auserwählte Braut …
Schätzlein,
Schmätzlein,
Laß Dich grüßen
Und mich küssen
Deine Wangen,
Mein Behagen und Verlangen".

Doch Rinckart wollte nicht Kunstdichter, sondern Volksdichter sein. Er wünscht laut Titel der Brautmesse, „daß seine Lieder von jedermann, auch dem gemeinen Biedermanne" gesungen werden möchten. Und da trifft ihn das Lob, welches er mit den besseren evangelischen geistlichen Liederdichtern dieser Periode teilt, überall den Ton volkstümlicher Poesie getroffen zu haben. Und diesen warmen ansprechenden Ton seiner Lieder fand er durch Anlehnung der Dichtung an die hl. Schrift. Seine besten Lieder sind Schriftenlieder. Mit ihnen hat er seine schwer angefochtenen Gemeindeglieder gar oft aufgerichtet und erbaut. Auch über die Grenzen der engeren Heimat hinaus fand solche Sangesweise Anklang und Freude. So fertigte ihm Johannes Heermann ein Elogium für die „Katechismuswohlthaten", welches mit den Worten schließt:

„Genug, daß der Himmel liebt
Den schönen Harfenklang, den Clio von sich giebt,
Die ganz Dein eigen ist. Dort wollen wir beisammen
Als Gottes Sänger stehen, erhitzt durch neue Flammen
Des Geistes, der Gott ist. Ach, ach, wie schöne klingt,
Was die erwählte Schaar für Gott dort ewig singt.
Doctus es et pius es, Rinckarde, poeta. Poeta.
Qui meret hanc laudem, satr sibi laudes habet".

In den Fiedlerschen Briefen an Daum wird Rinckart ein „poeta perquabonus et insignis" genannt, während er von Dr. Andreas Rivinus, dem damaligen Profesor der Dichtkunst zu Leipzig als deutscher Ronsart [64] bezeichnet wird. Dennoch war sein Ruhm nur flüchtig. Erhalten haben sich in dem Liederschatz der evangelischen Kirche nur wenige der geistlichen Gesänge Rinckarts. Vielfach Eingang fanden die Lieder: „Hilf uns Herr in allen Dingen" und „Lobe, lobe meine Seele". Beide Lieder erschienen als Einzeldrucke in den Schriften des M. Joseph Clauder. Und zwar findet sich das Lied: „Hilf uns Herr in allen Dingen" in der Schrift: „König Davids und des christlichen Biedermannes und Jedermannes täglicher und behäglicher Herzwunsch 1642" vor, während das Lied: „Lobe, lobe u.s.w. in der Schrift „König Davids vornehmster Dankpsalm 1642" Aufnahme fand. Neuerdings ist durch Superintendent Nelle zu Hamm der Nachweis geliefert [65], daß auch das sehr häufig gesungene Lied: „Hallelujah, Lob, Preis und Ehr", welches in vielen Gesangbüchern den Namen des Autors als „Anonymus" oder „Crasselius" angibt, nach seiner frühesten Fassung als von Rinckart herrührnd anzusehen ist. Das bekannteste Rinckartlied aber, welches allen Wechsel der Zeiten überdauern wird, ist das herrliche „Nun danket alle Gott". Die unbegrenzte Begeisterung indessen, welche Linke der Abfassung dieses Liedes entgegenbringt, wird man kaum teilen können. Als „Schriftenlied" steht dieser Gesang durch Mangel an freiem Schwung der Gedanken weit zurück hinter anderen Schriftenliedern Rinckarts. Das, was ihm den bleibenden Wert verliehen hat, ist das unmittelbar wirkende Gotteswort und nicht zum wenigsten die kraftvolle Melodie.

Wir kommen damit zu einer anderen Muse Martin Rinckarts: der Musik. Es ist eine von den meisten Biographen und Hymnologen übersehene Tatsache, daß der Dichter von „Nun danket alle Gott" auch Musiker, insbesondere Komponist, gewesen ist. Er selbst nennt sich laut Titelblatt zu den Triumphi in edler Begeisterung einen Musicophilum sempiternum. Seine Petschaft trug außer dem Namen Martinus Rinckart die Buchstaben:

M.V. (Mein Vertrauen
S.I. Steht in C.A. Christo allein)

Auch die Gedächtnistafel in der Kirche kündete von seiner „Musika". Wir haben gesehen, wie sehr seine Tätigkeit während seines Aufenthaltes zu Leipzig in dem Studium der Musik aufging. Im Kantorat zu Eisleben stand er im praktischen Berufsleben eines Musikers. Sein musikalisches Hauptwerk: „Triumphi de Dorothea oder Geistliches Musicalisches Triumph-Kräntzlein von der hochedlen und recht Englischen Dorothea oder großen Gabe Gottes, der Frau Misica" war eine 1619 veröffentlichte Sammlung von 31 sechsstimmigen und auf 6 Stimmhefte verteilten Tonsätzen. Zu den Aufführungen der Eilenburger Kantorei-Gesellschaft verfertigte er wiederholt Kompositionen. Daß er hierbei seine musikalischen Werke oftmals selber einübte und dirigierte, bezeugt sein Schwiegersohn M. Ernst Dehne, indem der Rinckarts in den Kantorei-Akten als eines „in hac Societate laudabilissima Nomothetae et Cantoris" gedenkt. Im Jesu „Herzbüchlein", in der „Thränensaat" und in den „Katechismuswohlthaten" finden sich verschiedene Kompositionen Rinckarts zu Einzelliedern. Die Frage ist aber, ob die Melodie von „Nun danket alle Gott" ihm ebenfalls zuzuschreiben ist. Die älteste vorhandene Sangesweise des Liedes findet sich nämlich in der praxis pietatis melica von J.C. Crüger, Organisten an St. Nikolai zu Berlin, aus dem Jahre 1648 vor. Dichter wie Komponist des Liedes werden hier nicht bezeichnet. Dagegen wird im Rungeschen Berliner Gesangbuch vom Jahre 1653 die Melodie mit den Buchstaben „J.C." unter offenbarer Hindeutung auf Crüger, den Mitredakteur dieses Buches, überschrieben. Man hat hieraus geschlossen, daß Crüger, der für einen der besten Kirchenliederkomponisten gilt, auch der Komponist unsers Liedes sei. Dieser Ansicht begegnet man in den meisten Musikerlexiken. Auch in der neuesten Biographie über Crüger in C. Werkshagen, „der Protestantismus am Ende des 19. Jhdts.", wird von Professor Smend die Melodie demselben zugeschrieben. Allein es steht fest, daß Crüger vielfach Melodien für sich in Anspruch nahm, insofern er den Cantus firmus in eine andere Stimme setzte und so den darüber oder darunter liegenden Kontrapunkt vertauschte. Es liegt deshalb, zumal bei der anonymen Angabe des Liedes in der praxis pietatis melica, kein zwingender Grund vor, Crüger als den Autor der Orignialmelodie anzusehen. Alle noch vorhandenen Anzeichen weisen vielmehr darauf hin, daß kein anderer als Rinckart selbst der Komponist der Melodie gewesen ist. So veröffentlichte Linke eine von ihm gemachte Entdeckung, nach welcher sich in der Kgl. Bibliothek zu Dresden „im Anhange zu Rinckarts Triumphi" ein umfangreiches Manuskript finde, in welchem eine Motette über Sirach 50,24-26 enthalten sei. Die Nachprüfung des Sachverhaltes nötigt uns allerdings zu einer gewissen Berichtigung und Ergänzung. Erhalten sind von der triumphi auf der Dresdener Bibliothek die einzelnen Stimmhefte für Cantus, Altus, Quinta, Basis. Der Tenor fehlt. Diese Einzelexemplare der Stimmhefte sind nun einem anderen musikalischen Werke vorangebunden, welches den Titel führt: „Florilegium Portense" und den M. Erhard Bodenschatz, Kantor zu Schul-Pforta, zum Verfasser hat. Es enthält eine auf 10 Stimmhefte verteilte Harmonien- und Motetten-Sammlung berühmter Musiker. An dritter Stelle des gemeinsamen Einbandes, also nach den Singstimmen des Florilegium Portense, ist jenes für uns in Frage kommende Manuskript angefügt. Auch dieses ist eine Notensammlung von etwa 80 verschiedenen Melodien, welche auf einzelne Stimmhefte verteilt und vielfach mit Gesangstext versehen sind. Bei denjenigen Tonsätzen, welche anderen, meist bekannten Tonmeistern jener Zeit entnommen sind, werden die Namen der Autoren angeführt. Dagegen tragen einzelne Kompositionen, hierunter auch diejenige über den Sirachtext, keine derartige Angabe und haben offenbar den Verfasser der Handschriften zum Autor. Über diesen selbst enthält das Manuskript keinen Vermerk. Dennoch kann man nicht in Zweifel sein. Eine nur einigermaßen vertraute Bekanntschaft mit der Handschrift Martin Rinckarts genügt, ihn als Verfasser zu bezeichnen. An einzelnen Stellen, namentlich da, wo den Melodien der Text in lateinischer Sprachschrift beigegeben ist, tritt die Identität von Rinckarts Schreibweise mit der uns sonst bekannten so charakteristisch hervor, daß sie von keinem Grapholgen geleugnet werden kann. Wie entstand nun die handschriftliche Notensammlung, und wie geriet sie mit den beiden ihr im Einband vorangestellten musikalischen Werken in Verbindung? Nach unserer Überzeugung haben wir es mit einer von Rinckart selbst sorgfältig angelegten Sammlung für Aufführungszwecke der Kantorei zu tun. Dies beweist uns namentlich eine von seiner Hand auf dem Vorblatt des Stimmheftes der Altstimme herrührende Eintragung:

„Was lebtt und schwebt Singt frölich,
Unßere kunst bleibtt Ewigk.
Musica Noster Amor."

Leider sind jedoch von dem Sammelwerke die Stimmhefte des Tenors verloren gegangen. Allerdings befindet sich in einer Notensammlung der Fürstenschule zu Grimma ein Exemplar des Stimmheftes für Tenor aus Rinckarts Triumphi. Demselben ist ein Bruchstück eines anderen gleichartigen Stimmheftes angebunden, das sich nach näherer Prüfung als das „Florilegium Portense" von Bodenschatz erweist. Ob wir es hier mit den verloren gegangenen Exemplaren der Dresdener Sammlung zu tun haben, läßt sich indessen mit Sicherheit nicht bestimmen, zumal in dem gemeinsamen Einbande noch ein Tonwerk des Weimarischen Kantors Melchior Vulpius zugefügt ist. Die handschriftliche Notensammlung Rinckarts aber befindet sich auch unter diesen Stimmheften nicht. Da bei den Rinckartschen Kompositionen die Melodie durchweg im Tenor lag, so wird dies auch bei der Motette über den Sirachtext der Fall gewesen sein. In den übrigen Stimmheften findet sich die Melodie nur für Diskant und Baß. Erstere Stimme beginnt: a g a b b a . Der Baß setzt ein: f e f b b f. Ergänzt man hiernach den Tenor, so kann derselbe nicht anders gelautet haben als c c c d d c. Das aber ist die erste Verszeile des weltbekannten Chorals: „ Nun danket alle Gott!". Nichts ist nun erklärlicher, als daß Rinckart im Jahre 1630 auf diese Melodie zurückgriff und sie auch in dem übrigen Tonsatz zu der Sangesweise ausgestaltete, welche er dem über obige Bibelstelle gedichteten Liede beigab. Daß er höchstwahrscheinlich schon damals Melodien zu seinen im Alexandrinerversmaß verfaßten Liedern geschaffen, zeigen die sechs Alexandrinermelodien, welche er in der „Thränensaat" 1637 mit den Worten veröffentlicht: „Nachdem die alexandrinischen Reimen noch zur Zeit wenig bekannte Weisen haben[66], den zwei bekannten Weisen aber: „Mein Gemüt ist mir verwirret" und „Gieb Fried, o frommer, treuer" fast nahe kommen, ohne etliche wenig Noten, die zu verändern, sind selbige und auch noch ein paar andere anher gesetzt, bis unsere teutsche Kapell-und Sangmeister was besseres bringen". Eine der Alexandrinermelodien bietet er schon im Jesu Herzbüchlein (1636) dar: „Lob sei dem höchsten Gott". Wenn dabei anderseits, namentlich von Karl Becker (Lehrer am Konservatorium zu Leipzig gest. 1877), die Ansicht geltend gemacht worden ist, daß Rinckart eine im Gothaischen Kantional 1646 auftretende Komposition des Italieners Luca Marenzio (weil. Organisten an der päpstlichen Kapelle zu Rom) überarbeitet habe, so liegt kein Grund vor, dies mit Linke zu bestreiten. Denn diese Melodie Marenzios zu dem Prosatexte aus Sirach 50,24-26 war dessen bereits weit früher erschienenen Bänden seiner 4-6 stimmigen Madrigale entnommen, deren Bekanntschaft für Rinckart nicht unmöglich war. Und zwar wird ihm solche Bekanntschaft der Eislebener Andreassingechor vermittelt haben, den zu leiten ihm ein Jahr obgelegen. Ein der Schulordnung des Generalsuperintendenten an St. Andreas, Hieronymus Menzel, von 1570 angeheftetes Inventarium zeigt nämlich, daß man um 1600 in Eisleben „eine schätzbare

Sammlung von meist italienischen Kirchen und Kammermusiken" besaß. Man wird deshalb annehmen können, daß bei jenen „italienischen Kirchen- und Kammermusiken" auch Marenzios hochberühmte Madrigale für musikalische Aufführungszwecke bei Hochzeiten, Gastmahlen und Familienfestlichkeiten auf dem Repertoir des Singechors standen. Allem Anschein nach ist bereits die in der handschriftlichen Notensammlung befindliche Motette Rinckarts über Sirach 50, 24-26 zu Eisleben in Anlehnung an Marenzios gleichartige Komposition entstanden, wie denn überhaupt die in den triumphis zu Tage tretenden Tonsätze italienischer Meister ihre Sammlung der Eislebener Zeit Rinckarts verdanken. Der Stadt Eisleben wird nach dem Gesagten möglicher Weise das Verdienst zufallen, den Dichter von „Nun danket alle Gott" zu der Gesangsweise des gewaltigen deutschen Tedeums verholfen zu haben. Wie dem auch sei, für uns steht es außer allem Zweifel fest, daß das bekannte Lied nur seinen eigenen Dichter zum Komponisten hat. Das Verdienst Crügers um die Choralmelodie ist dann darin zu suchen, daß er Rinckarts wahrscheinlich im Tenor gelegenen Cantus firmus in den Diskant gerückt hat.

Enstanden als Jubelvortrag für die Eilenburger Kantorei zur hochfestlichen Stunde der 100jährigen Feier der Übergabe Augsburgischer Konfession, im Jahre 1630, hat das Lied: „Nun danket alle Gott", von Rinckart kaum geahnt, seinen Lauf durch die gesamte evangelische Christenheit genommen. Zu allen Zeiten dankbarer und loberfüllter Aufschau zu Gott ist es von gläubigen Seelen angestimmt worden. In Kirche, Schule und Haus dient es als Loblied bei unzähligen Anlässen. Bei Erntefesten ist es der ständige Gesang. Der Bruder-Bischoff Spangenberg ließ sich vor seinem Tode noch einmal, als sterbensmüder Greis, unter die Schnitter aufs Feld führen und stimmte mit ihnen das Lied an. Es ist der Choral von Leuthen. Seitdem es hier auf blutiger Wahlstatt aus tausendfältigem Munde der Krieger erschollen, ist es das Danklied in der preußischen und deutschen Armee nach erfochtenem Siege geworden. Es ertönte nach den Schlachten bei Wörth, St. Privat und Sedan 1870/71. Es hallte wieder im Kuppelsaal von Versailles bei der deutschen Kaiserproklamation. Das, was des Archidiakonus Rinckarts Wunsch einst war:

„Oh wollte Gott, Du kleines Vaterland,
Es stünde die Gewalt in meiner Hand:
Ich wollte Dich mit Ruhm und Ehren größer
    machen –.
Du sollst mir sagen nach, daß ich gebauet hab
Auch dennoch was an Dir, zum wenigsten im
    Grab"

ist ihm über den Tod hinaus in Erfüllung gegangen. Denn für alle Zeiten ist der Name Martin Rinckarts, der in seiner Vaterstadt als ein Bote des Friedens inmitten schwerer Kriegsnot lebte und wirkte, in den Annalen des deutsch evangelischen Kirchenliedes eingetragen als der des Dichters von „Nun danket alle Gott".

Anmerkungen

1. M. Martin Rinckart, nach seinem äußeren Leben und Wirken. Von Louis Plato. Leipzig 1830. 8^0.

2. Eilenburgische Reformations- und Predigergeschichte von M. Polykarp Friedrich Elteste. († 1774) Handschrift 4^0. 600 Seiten. Dieselbe befindet sich in Besitz der Familie Vörkel.

3. Martin Rinckart. Ein evangelisches Lebensbild aus der Zeit des 30 jährigen Krieges. Von J. D. Vörkel, Archidiakonus. Eilenburg, Offenhauer 1857. 8^0. 47 Seiten.

4. Martin Rinckarts geistliche Lieder nebst einer Darstellung des Lebens und der Werke des Dichters. Von Johannes Linke. Gotha, Perthes 1886. 400 Seiten.

5. Ein Beitrag zur Lebensgeschichte Martin Rinckarts. Von Graubner, Diakonus. Eilenburg, Bruno Becker 1887.

6. Martin Rinckart, der Dichter von „Nun danket alle Gott". Von W. Büchting, Archidiakonus. Berlin, Ostdeutscher Jünglingsbund 1899. 8^0. 20 Seiten.

7. Die Form jugilo statt jugulo ist offenbar zur Erzielung passender Zahlenbuchstaben gebildet.

8. Eilenburgische Chronika oder Beschreibung der sehr alten Burg, Schosses und Stadt Eilenburg. Von M. Jeremias Simon, Kaiserl. gekrönten Poeten und Pfarrer zu Liemehna. Leipzig 1696.

9. K. G. Dietmann, Die gesammte der ungeänderten Augsburgischen Kofession zugethane Priesterschaft in dem Churfürstenthum Sachsen. Leipzig-Dresden. 5 Bde. 8^0. 1676-1685.

10. Vgl. die einschlägigen Untersuchungen bei Grotefend, Zeitrechnung des deutschen Mittelalters. Hannover 1892. Bd. I, S. 73.

11. Thomas Hafermann, Habermann, Auch Avenarius geschrieben, war der Baccalaureus. Er kam 1582 an die Stadtschule und war noch an derselben tätig, als Rinckart Archidiakonus von St. Nikolai wurde.

12. Georg Ulmann, Uhlmann, Ullmannus aus Wiesenthal gebürtig, kam 1596 an die Schule. Er wird von Rinckart als trefflicher Bassist bezeichnet. Auch er war noch im Amte, als sein ehemaliger Schüler Rinckart Geistlicher an der Stadtkirche wurde und starb hochbetagt 1623.

13. Wolfgang Phehmel oder Phemel, auch Fehmel geschrieben, stammte aus Eilenburg. Er wurde ludimorator 1598. Er war eine poetische Kapazität. Im Jahre 1605 legte er indessen das Rektorat nieder und wurde Stadtschreiber zu Eilenburg.

14. Paul Jenisch, lat. J e n i s i u s, war 1551 zu Annaberg geboren. Daselbst Konrektor und Rektor von 1576-1581 kam er als Pfarrer nach Eyla bei Borna und von hier als Superintendent 1596 nach Eilenburg. Auch hier währte seine Wirksamkeit nicht lange, da er 1603 nach Dresden als Hofprediger kam. Er starb hier 9. Nov. 1612.

15. In Bd. 23 der Zwickauer Ratsschulbibliothek befindet sich eine Gelegenheitsschrift: Ευχαι προπεμπτικοι, pro fausto et felici omine rerendi … Dr. M. Pauli Jenisii Annaebergensis, zum Amtsantritt desselben in Eyla zu Leipzig bei Abrah. Lamberg 1594 gedruckt. Dazu hat auch Ambr. Bardenstein einen Beitrag geliefert und sich dabei als M. Ambr. Bardenstein Annaebergensis, scholae, quae est Lipsiae ad D. Thomam, Collega unterzeichnet.

16. Jak. Laßmann war 1559 in Wurzen geboren, bezog 1573 Schulpforta, kam als Tertius an die Thomasschule 1585, wurde 1588 Konrektor und 1592, im September, Rektor. Da es in einer amtlichen Aufzeichnung heißt: „Tabe confectus sepelitus 21. Febr. 1604" ist das Datum des Todes „21. Aug." im Pförtner-Stammbuch und in Rosts Progr. v. J. 1820, p. 12-31, falsch. (Vgl. Hoffmann, Pförtner-Stammbuch S. 34).

17. Erhard Lauterbach war 1569 zu Jauer in Schlesien geboren. Er wirkte zwischen 1598-1604 als Konrektor an der Thomasschule und lehrte gleichzeitig an der Universität. Er verstarb als Superintendent in Naumburg i. J. 1649.

18. Ambrosius Bardenstein, lat. B a r d e n t r i u s, war, wie schon oben bemerkt, zu Annaberg geboren.

Die bisherige Annahme, daß er zwischen 1598 und 1604 Tertius an der Thomasschule gewesen sei, ist ungenau. Nach der von uns erwähnten Gelegenheitsschrift in der Zwickauer Ratsschulbibliothek ist er bereits 1594 an der Schule gewesen. Vom Jahre 1604 bis 1613 führte er das Rektorat. Sein tatkräftiges und umsichtiges Wesen wußte verschiedene eingerissene Schäden abzustellen. Es fanden unter ihm Schulvisitationen statt.

19. Seth Kalwitz, lat. C a l v i s i u s, aus Gorschleben gebürtig, war zuvor in Schulpforta tätig. An die Thomasschule kam er 1594 als Kantor, woselbst er bis 1615 wirkte. Er war ein hervorragender Gelehrter seiner Zeit. Großen Ruhm erwarben seine chronologischen und musiktheoretischen Werke.

20. Joh. Richter aus Königstein kam bald nach seiner Promotion zum Baccalaureus 1592 an die Schule und ist an derselben bis übers Jahr 1610 hinaus tätig gewesen.

21. Christoph Hunich, 1567 zu Leipzig geboren, studierte und promovierte hierselbst. Wahrscheinlich las er schon als Magister an der Universität, als er 1604 zum Konrektorat berufen ward. Die Leipziger Universitäts-Bibliothek besitzt von ihm περι της του σιδηρου πολοδειζεως i. e. de magnetis ad utrumque polum mundi conversione. Lips. 1606. Ferner handschriftlich: 1. Logica. Proponebatur a clariss. et doctissim. M. Christophoro Hunichio, illustris paedagogii Stetinensis rectore fedelissimo ao 1610. 2. Theoria luminarium seu solis atque lunae praelecta a M. Chr. Hunichio, rectore digniss. Paedagogii Stetinensis anno MDCXV tempore hyemali. 3. De cometis disputationes duae. Diese letztere Schrift wird das bei Joh. Ephr. Scheibel, Astronomisch-chronologische Bibliographie auf S. 43 ohne Ortsangabe 1608 angeführte Buch über die Kometen sein. Sie erschien 7. Novembris stetini typis Rhetianis 1607. – Hunich, der für einen bedeutenden Gelehrten galt, kam 1606 als Rektor nach Stettin wo er 1623 verstarb. Vgl. Zedler, Universallexikon Bd. 13, S. 1242.

22. Der Panegyrikus führt den Titel: „Carmina in honorem singulari pietate, eruditione et virtute politissimorum juvenum ... 1606 3 Cal. Febr. ... procancellario eximio et clarissimo viro Dr. M. Christophoro Hunichio, Scholae ad D. Thomam collegae dignissimo. Vgl. Sammelband der Universitäts-Bibliothek zu Leipzig sub univ. 380.

23. Johannes Rhenius, geb. zu Oschatz 1574, wurde von 1591 ab in Schulpforta ausgebildet. Die Angabe, er sei seit 1602 Tertius an der Thomana gewesen, bedarf der Berichtigung dahin, daß erst seit 1604 hierfür die Möglichkeit nach dem oben gesagten vorliegt. Seit 1609 war er Adjunkt an der philos. Fakultät, 1617 Professor. Er ging dann 1618-24 als Rektor nach Eisleben, 1633 nach Kiel und verstarb als Konrektor zu Husum 1629. Ein Verzeichnis seiner zahlreichen, besonders den lateinischen Unterricht betreffenden Schriften, steht in seinem Donatus latino-germanicus, Lip. 1630. Vgl. Hoffmann, Pförtneralbum; Ellendt, Geschichte des Königl. Gymn. zu Eisleben.

24. Über Johannes Wilisch vgl. E. A. Albrecht, Sächs.-Prediger und Kirchengeschichte, S. 593; über Johannes Dietzig ließ sich nichts mehr ermitteln.

25. M. Wolfgang Korvin, geb. 1562 zu Westenfeld in Franken, wurde 1605 Lic. medicinae. Er las hauptsächlich bei der philosophischen Fakultät über Dialektik und Logik. Er war zugleich E p h o r u s a l u m n o r u m. Vgl. Vogel, a n n a l e s L i p s i e n s e s p. 305.

26. Heinrich Höpfner, geb. zu Leipzig 1582, war zu Rinckarts Zeit noch assessor facult. philos. Erst 1612 wurde er professor publicus organi, dann 1617 Lic. theol. und bald darauf D. theol. und als solcher in die theol. Fakultät rezipiert. Er las bis zum Jahre 1642. Vgl. Vogel, annales Lipsienses, S. 358, 367, 581.

27. Burchard Harbart, geb. zu Buchola b. Conitz in Preußen, wurde 1578 assessor fac. philos., 1588 D. theol. und bald darauf Mitglied der theol. Fakultät. Er las bis zum Jahre 1614, wo er am 18. Februar verstarb. Vgl. Wiener, Die theol. Fakultät zu Leipzig, S. 14.

28. In der Rinckartschen Stammtafel befindet sich auch eine Genealogie der Familie Morgenstern, welche bis auf Christinens Urgroßvater, M. Johannes M. zurückgeht. Dieser war zu Luthers Zeiten erst Organist, dann Rektor und endlich Pfarrer zu

Leimbach. Sein Sohn M. Georg M. wurde Oberimpellant und Hofprediger zu Eisleben († 1564). Aus seiner Ehe mit Maria Bremsler, Tochter des Professors und Lizentiaten Jakob Br. zu Wittenberg, stammte Jakob M. Christinens Vater. Dieser wirkte von 1571-1583 als Tertius und von 1583-1598 als Rektor am Eislebischen Gymnasium. Bei seinen Zeitgenossen erhielt er das Ehrenprädikat „Phosphorus Islebiensis". Sein „weiser Heldenspruch" war nach der Stammtafel: „Homnem se esse hand meminit, qui nunquam inquinatum oblivicitur". Es mag sich dies Wort auf die ihm vielfach angehängten schändlichen Beschuldigungen beziehen. Er starb 1598. Verheiratet war er mit Anna Tröner, Tochter des am 30. November 1560 zu Eisleben verstorbenen Handelsmannes und Ratsherrn Johannes Tr. Diese zog als Witwe später mit zu ihrer Tochter Christine nach Eilenburg in Rinckarts Haus,

32. Der Einführungsakt des Generalsuperintendenten Förster entspricht übrigens den uns in kürzerer Form bei Biering a. a. O. erhaltenen Berichte über Einführung des Generals. Seidler i. J. 1590. Sie lehnt sich den in der Kursächs. Kirchenordnung v. J. 1580 gegebenen Form über Investitur der Kirchendiener an. – Vgl. L. Richter, Die Kirchenordnungen des 16. Jhdts. 1846. Bd. 2, S 141, 402, 452.

33. Neu herausgegeben wurde der Indulgentiarius 1885 von Heinr. Rembe zu Eisleben.

34. Vgl. Ersch und Gruber, Encyklop der Wissenschaften, Leipzig 1837, Teil 29, S. 163 f. Chr. Gottsched, de coronatione poetarum, Leipzig 1752.

35. Vgl. Schubart, G. de com. pal. caes. Jena 1679.

36. Vgl. Apianus, Equus Wurzensis p. 8 und Chr. Schöttgen, Historie der Stadt Wurzen.

---

29. Die Verwandtschaft war folgende:

```
                                          Johannes Tröner, Handelsmann.
                                              (Margarete Holzmüller.)
                                       ┌──────────────────┴──────────────────┐
M. Jakob Morgenstern,  ─ verheiratet mit ─  Anna Tröner.                  Paul Tröner.
 Rektor zu Eisleben                                                      (Justine Rußwurm.)
              └──────────┬──────────┘                                          │
                 Christine Morgenstern                                   Justine Tröner,
                 verehelichte Rinckart.                                  verehelichte Ritter.
```

---

30. Johannes Förster war im Voigtlande als Sohn eines Landrichters geboren. Er hatte zu Leipzig studiert, woselbst er Magister und Sabbathprediger an St. Thomä wurde. Nachdem er 1600 zum kaiserlichen Poet gekrönt woren war, kam er 1602 als Rektor nach Schneeberg und wurde Jahrs darauf Oberpfarrer in Zeitz. Nach Erlangung des D. theol. wurde er als Professor und Schloßprediger nach Wittenberg berufen, von wo aus er nach Eisleben kam. Vgl. Größler und Sommer a. a. O.

31. In solcher Stellung befand sich damals M. Joh. Aeschard. Vgl. Biering, Clercus Mansfeedicus.

37. Vgl. Gottsched a. a. O., Brief Fiedlers vom 24. Januar 1649.

38. Vgl. den Inhalt des „juramentum examinandorum pro magisterio" bei Fr. Zarncke, Die Statutenbücher der Universität Leipzig, 1862, p. 511.

39. Die Leipziger Universität war durch Bestätigungsurkunde des Papstes Alexander V. dem Bischof zu Merseburg als Kanzler unterstellt. Durch die ständige Vertretung des Bischofs bei den Promotionen entstand das Amt des Vice- oder Procancellarius.

40. Rinckart erzählt, daß er „in lectionibus compliret", was er seiner Zeit j u x t a s t a b u l a nicht gehört. Die Statuten der Universität gestatteten nämlich, daß sich die Kandidaten in solchem Falle eines Art Nachkollegs unterziehen konnten „in modo satisfaciendo". Der Betrag für diese in wenigen Stunden mit Hilfe eines Dozenten nachgeholte Kenntnisse fiel zur Hälfte dem betreffenden Präzeptor, zur Hälfte der Fakultät zu. Vgl. Zarncke a. a. O., p. 423.

41. Dies Geld erhielten die Pedellen für bereit gehaltene Erfrischungen.

42. In der medizinischen Fakultät betrugen die Gebühren für Prokanzellarius und Bischof 1 Thl. und 8 Gr.

43. Die Examinatoren wurden aus den 4 Fakultäten durch das Loos bestimmt. Vgl. Zarncke a. a. O., p. 447.

44. Nach den Universitätsstatuten mußte jeder Studierende einen Präzeptor haben, der über Wandel und Lehrgang wachte und dessen Zeugnis bei der Promotion vorlag. Hier bezieht sich die Angabe Rinckarts wahrscheinlich auch mit auf das Zeugnis des betreffenden Dozenten, bei welchem er nachträglich „kompliert" hatte. Vgl. Zarncke a. a. O., p. 90.

45. Diejenigen Studenten, welche aus triftigem Grunde nicht in einem Kollegienhaus gewohnt hatten, wie z. B. Rinckart als Thomasschüler, mußten von dem curator aedium collegii ein Zeugnis über ihre Teilnahme an den Übungen und Disputationen bei der Promotion beibringen. Vgl. Zarncke a. a. O., p. 534.

46. Der Dekan nahm nicht nur die Meldung an, sondern hielt auch das Examen morum ab, leitete die Magisterprüfungen, stellte die Zensur fest und fertigte das Diplom aus.

47. Das Programm, sowie die Einladung zu den feierlichen Promotionen wurde am schwarzen Brett angeschlagen.

48. Die Promovenden wurden in der Universitätsmatrikel eingetragen. Die Reihenfolge fand nach der ordo senii des Baccalaureats, nicht der Tüchtigkeit nach, wie Linke schreibt, statt.

49. Das alte prandium Aristotelis war in früherer Zeit mit hohen Unkosten verknüpft. Die Constitutio Augustea verfügte 1580, daß, wenn nur ein Kandidat vorhanden, er den Rektor, den Prokanzler und die Professoren seiner Fakultät zu laden habe. Das Reskript der reformatio Thilonis beschränkte unter den 23. Sept. 1723 das prandium noch mehr.

50. Zu damaliger Zeit wurde der Panegyrikus noch von denjenigen angefertigt, welche sich die Fähigkeiten zutrauten. Erst späterhin wurde vom Professor der Dichtkunst in einer Schrift beliebigen Inhalts herausgegeben. Vgl. Gretschel, C., Gesch. d. Univ. Leipzig 1830, S. 108.

51. Die Promovenden hatten sich in schwarzer Kleidung und mit Degen zu versammeln. Den Doktorhut erhielten sie nach der Promotion.

52. Die ursprüngliche Veranlassung zu Luthers Reise nach Eilenburg beruhte auf einer Einladung des bischöflichen Kanzlers zu Naumburg, D. Heinrich Schmiedberg. Dieser, der reformatorischen Lehre zugetan, wünschte Luther persönlich kennen zu lernen. Als aber letzterer in Begleitung Melanchtons zu Eilenburg, dem verabredeten Begegnungsorte, anlangte, war Schmiedberg unterwegs verstorben, nicht ohne vorher 100 fl. dem Reformator erblich vermacht zu haben. Luther schrieb hierüber an Spalatin: „Ego nomine ejusdem D. Schmiedberg in Eilenburg veni et ille interim abiit ad ipsum DOMINUM. Dicitur constantissimus in fide CHRISTI decessisse, atque adeo, quod, illos magna cruce afficiat, meam doctrinam et observasse et publice commendasse: Vidi ergo Christi praesentiam: Urget Anti-Christus Romanus et Satanas per ipsum. Sed majorem se ostendit, qui in nobis est, eo, qui in mundo est. Eilenbergae, 1520. Tertia feria post Martini".

53. Booch, Mitteilungen 1833.

54. Vgl. Grimm, Deutsches Wörterbuch, Bd. 5, S. 1683 u. Bd. 7, S. 1463.

55. Lesart in Crügers praxis pietatis melica vom Jahre 1648: „Mut".

56. Bei Crüger ebendaselbst: „allen Enden".

57. Crüger: „bei unserm".

58. Im „Mathematischen Gedenkringe", dessen Manuskript sich in Lagunas Händen befand, lautete der Text: „dem ewig höchsten Gott".

59. Das Herz-Büchlein hat hier: „wie es ursprünglich war", während Laguna die von uns gewählte Form: „als es ursprünglich war" aus Rinckarts Hand im Mathematischen Gedenk-Ring vorfand. Wir halten diese Fassung für die urprünglichere, da sie, entsprechend dem altkirchlichen: „sicut erat in initio", dem Gedankengange Rinckarts wohl näher lag.

60. Vgl. Luthers Schrift: „Allen Liebhabern der freien Kunst Musika wünsche ich, Doktor M. Luther, Gnade und Friede. 1538."

61. Herbstkatalog von Gottfr. Grosse, Leipzig 1648: apud Tim. Ritzschium Lips. in 4^0.

62. Rinckart erging sich gern in Deutung astronomischen Konstellationen.
So singt er in der 14. Christenhoheit der Katechismuswohltaten:
„Die Sonne soll mir wohl im Stier und Kühlen gehen,
Mars, Venus und Merkur ihr auch gewünscht beistehen;
Saturnus aber nah in saurem Gegenschein,
Und der bald volle Mond im Skorpione sein.

63. Über Hohenegg vgl. Fr. Blankmeister, Sächs. Kirch.-Gesch. 1898, S. 182. Herzog und Plitt, Realencykl. 1880. Bd. VII, S. 17.

64. Peter Ronsart, geb. 1524, führte in Frankreich zuerst die Ode ein. Er stand in hoher Gunst des Königs Karl IX. Auch die englische Königin Elisabeth und die schottische Königin Maria zeichneten ihn aus.

65. Vgl. „Monatsschrift für Gottesdienst und kirchliche Kunst" von Spitta und Smend. Göttingen 1899, Nr. 2.

66. Die älteste uns im Kirchengesange aufbewahrte Alexandrinermelodie ist diejenige aus J. Heermanns Haus- und Herzmusika (1630) „Groß ist, o großer Gott, die Not".

Nun danket alle Gott

Entstehungs- und Verbreitungsgeschichte
eines Kirchenliedes

von
Studiendirektor i.R.
Dr. phil. Siegmar Keil

„NUN DANKET ALLE GOTT"

Wer kennt ihn nicht, den Choral des Eilenburger Theologen, Dichters und Komponisten Martin Rinckart! Ob Taufe, Hochzeit, Erntedank – Anlässe gab und gibt es immer wieder, ihn im Gottesdienst – evangelisch wie katholisch – zu singen. Und wie oft ist er nicht im privaten Kreise, bei größeren öffentlichen Veranstaltungen oder bedeutsamen historischen Ereignissen angestimmt worden! Um nur einige wenige solcher herausragenden Begebenheiten deutscher Geschichte zu nennen: die Proklamation Wilhelms I. von Preußen zum Deutschen Kaiser 1871 zu Versailles, die Feier nach Vollendung des Kölner Doms im Jahre 1880, die Grundsteinlegung zum Reichstagsgebäude 1884 in Berlin oder – aus jüngerer Zeit – die Begrüßung der letzten deutschen Kriegsgefangenen aus sowjetrussischen Lagern bei ihrer Heimkehr 1955 in Friedland/Göttingen durch den damaligen Bundeskanzler Konrad Adenauer.

Mancher Fernsehzuschauer erinnert sich vielleicht noch jener bewegenden Bilder einer Szene, die sich im deutschen Schicksalsjahr 1989 in Berlin abgespielt hat: Am neunten November, als die Menschen aus Ost-Berlin durch die Öffnungen der „Mauer" hindurch nach West-Berlin strömten oder auf das verhaßte Symbol der Unterdrückung kletterten, tauchte auf dieser urplötzlich ein älterer Mann quasi aus dem Nichts auf, setzte seine Trompete zum Spiel an und schmetterte sein Lied durch die Nacht. Über allen Freudenlärm hinweg erhoben sich die Töne von „Nun danket alle Gott".

Weithin bekannt und berühmt geworden aber ist Rinckarts Lied vor allem als „Choral von Leuthen". Bei Leuthen, einem kleinen Dorf in Niederschlesien, besiegte am 5. Dezember 1757 die preußische Armee unter Führung ihres Königs, Friedrichs II. (des „Großen"), einen zahlenmäßig weit überlegenen Feind – vor allem Österreicher, aber auch Sachsen, Bayern und Würtemberger. Am späten Abend nach der Schlacht stimmten viele Tausende von Soldaten „Nun danket alle Gott" an. „Durch die Nacht," so weiß ein Chronist darüber zu berichten, „dringt Waffenlärm und der Marschtritt näherkommender Regimenter. Darüber hört man die Feldmusik und einen mächtigen Chor aus zwanzigtausend Kehlen. Die preußische Armee hat auf dem Schlachtfeld ohne Befehl das Gewehr aufgenommen, um ihrem König zu folgen, und singt den Choral ‚Nun danket alle Gott'. Tief ergriffen wendet Friedrich sich um."

So eindrucksvoll diese Szene (Sie ist u. a. in dem alten deutschen Spielfilm „Der Choral von Leuthen" effektvoll ins Bild gesetzt worden.) auch erscheinen mag – für uns Menschen des ausgehenden 20. und anbrechenden 21. Jahrhunderts ist es ein recht zweifelhafter Ruhm, zu dem die „Schlacht von Leuthen" unserem Liede verhalf. Überzogenes nationales Denken und eine (aus heutiger Sicht) verhängnisvolle „Gott-mit-uns-Ideologie" führten dahin, daß dieser – ursprünglich als schlichtes „Tischgebet nach dem Essen" gedachte – Choral zu einer „Vaterländischen Hymne nach siegreicher Schlacht" mutierte. In diesem Sinne wurden in späteren Jahren viele der für deutsche Armeen siegreichen Schlachten – von Waterloo über Sedan und Gravelotte bis Tannenberg – mit dem Anstimmen dieses

„Deutschen Gratias" gewissermaßen „gekrönt".

Wenden wir uns nun dem Choral selbst zu: Wo und wann hat er das Licht der Welt erblickt? Aus welchem Anlaß wurde er geschrieben? Welchen Widerhall hat er gefunden? – Die Spur führt uns weit in die Vergangenheit zurück, mitten hinein in die Zeit des Dreißigjährigen Krieges. Man schrieb das Jahr 1630. Trotz – oder gerade wegen – der unruhigen Kriegszeiten gedachte man vielerorts in Deutschland eines Ereignisses, das genau hundert Jahre zurücklag – der als „Confessio Augustana" („Augsburgische Konfession") berühmt gewordenen Bekenntnisschrift, die die deutschen Protestanten am 25. Juni 1530 Kaiser Karl V. in Augsburg übergeben hatten.

Auch in der (seit 1521 protestantischen) Muldestadt Eilenburg in Sachsen schickten sich die evangelischen Christen an, dieses Jubiläum zu feiern, nicht zuletzt auch deshalb, weil es Kurfürst Johann Georg I. als oberster Landesherr angeordnet hatte. Noch war die (20 Kilometer nordöstlich von Leipzig gelegene) Stadt mit ihren (damals) vielleicht 6000 Einwohnern weitgehend von den Schrecknissen des Krieges verschont geblieben; aber dunkle Wolken, Vorboten zukünftiger Heimsuchungen durch Brandschatzung, Plünderung, Hungersnot, Pest und Massensterben, zogen bereits am Horizont auf.

Mitverantwortlich für die Vorbereitung und Durchführung der Säkularfeier war der Archidiakonus Martin Rinckart (1586-1649). Der gebürtige Eilenburger, der seit 1617 sein geistliches Amt an St. Nikolai innehatte (und dies auch bis zu seinem Tode – also 32 Jahre – ausüben sollte), steuerte für die Feierlichkeiten zwischen dem 25. und 17. Juni vier eigene Dichtungen bei.

Wie unbeschwert die Gemeinde das Jubelfest beging, bezeugt uns Rinckart selbst: „a.[nno] 1630 haben wir zu Eilenburg und im ganzen Land das Augsburger Jubeljahr öffentlich, fröhlich und glücklich gehalten." Seinen eigenen Beitrag dazu erwähnt er mit folgenden Worten: „Daß diese und etliche Wunderfreudentage die fröhlichsten gewesen, die ich auf Erden gehabt, wird bezeugen alles, was ich daran getan, geredet und geschrieben habe, sonderlich aber vier Parodia."

Unter einer „Parodie" verstand man in der damaligen Zeit etwas völlig anderes als heute, nämlich die Umarbeitung eines bereits existierenden Textes in eine neue sprachliche Form. Eine der erwähnten „vier Parodia" von 1630 mit dem Titel „Lutherische Debora" bezeichnete Martin Rinckart selbst als „parodia jubilaea" oder „Jubel-Jahres-Triumph-Gesang". Sie stellt eine Umdichtung von Versen aus dem alttestamentlichen „Buch der Richter", Kapitel 5, dar und beginnt mit diesen Worten: „Nun danket alle Gott, / dem Herren Zebaoth, / der uns vom welschen Sissera, / vom Papst und seiner Pracht / uns, seine kleine Debora, / die Kirch', hat frei gemacht."

Die Verwandtschaft unseres Chorals mit dieser „parodia jubilaea" nun ist offensichtlich (er ist ebenfalls ein umgedichteter Bibeltext, hebt mit denselben Worten an, hat das gleiche jambische Versmaß und ist von ebensolcher Glaubenszuversicht erfüllt), daß man ihn als eine von jenen vier – 1630 zur Jahrhundertfeier der „Confessio Augustana" geschriebenen – Parodien ansehen muß! In unserem Falle sind es drei Verse aus der apokryphen Schrift „Jesus Sirach", Kapitel 50 (24-26), die Rinckart parodierte, d.h. zu zwei Strophen umdichtete. Diese lauten: „Nun danket alle Gott, der große Dinge tut an allen Enden, der uns von Mutterleib an lebendig erhält und tut uns alles Gute./ Er gebe uns ein fröhlich Herz und verleihe immerdar Frieden zu unserer Zeit in Israel,/ und daß seine Gnade stets bei uns bleibe; und erlöse uns, solange wir leben."

In Rinckarts sprachlich ungemein plastischer, in gleichmäßigen Alexandriner-Rhythmus (d.h. sechshebigem jambischen Versmaß) geschriebener Dichtung bekommt der Bibeltext eine völlig neue Qualität des Ausdrucks: „Nun danket alle Gott mit Herzen, Mund und Händen,/ der große Dinge tut an uns und allen Enden,/ der uns von Mutterleib und Kindesbeinen an / unzählig viel zu gut und noch jetzund getan. // Der ewigreiche Gott woll uns bei unserm Leben / ein immer fröhlich Herz und edlen Frieden geben / und uns in seiner Gnad erhalten fort und fort / und uns aus aller Not erlösen hier und dort."

Mit der nachgedichteten dritten Strophe paraphrasiert – also umschreibt – Rinckart den (auch heute noch jedem Christen geläufigen) Text des „Glorias", das den Introitus jeder Messe beschließt: „Ehre sei dem Vater und dem Sohne und dem Heiligen Geist, wie es war im Anfang, jetzt und immerdar und von Ewigkeit zu Ewigkeit. Amen." Rinckart stellt in der Schlußstrophe sein Lied gleichsam „in den weiten Zusammenhang des Glaubens der Väter" hinein (Handbuch zum Evangelischen Kirchengesangbuch, Bd. III,2): „Lob, Ehr und Preis sei Gott, dem Vater und dem Sohne / und dem, der beiden gleich, im höchsten Himmelsthrone: dem dreimal einen Gott, als er ursprünglich war / und ist und bleiben wird jetzund und immerdar." –

Kommen wir noch einmal auf die Datierung des Liedes zu sprechen: Daß es mit an Sicherheit grenzender Wahrscheinlichkeit im Jahre 1630 entstand, belegt eine weitere Quelle – Rinckarts Schrift „Meißnische Tränensaat" von 1637. Darin befindet sich der folgende aufschlußreiche Satz, der 1630 als Entstehungsjahr indirekt bestätigt: „Und daß auch Meine … Schrifftlieder … schon vor 6 oder 7 Jahren alsobald nebens meinem getruckten Hertz-Büchlein, und darinnen verfasseten Dank-Psälmlein und Catechismus-Liedern gantz verfertiget." Das hier genannte „[Jesu] Herzbüchlein" aber, das 1636 in Leipzig erstmals im Druck erschien, enthält neben zahlreichen anderen Texten auch den von „Nun danket alle Gott". Sein originaler Titel lautet: „JESV Hertz-Büchlein, darinnen lauter Bernhardinische, Und Christ Lutherische Jubel-Hertz-Frewden, gesamlet und außgeschüttet von M. Martin Rinckart".

1630 zur Hundertjahrfeier der „Confessio Augustana" geschrieben und vermutlich zu diesem Anlaß auch von der Eilenburger Kantorei in einem mehrstimmigen Chorsatz von Rinckart gesungen, schien unser Lied – seiner Kürze wegen – für einen (teuren) Einzeldruck ungeeignet. Als Rinckart später daran ging, es im Rahmen einer größeren Sammlung – dem „Jesu Herzbüchlein" – zu veröffentlichen, ordnete er es da ein, wo es seinem Inhalte nach am besten hinpaßte: unter die „Gebete nach dem Essen".

Auch die Melodie stammt mit großer Wahrscheinlichkeit von Rinckart selbst und nicht – wie man lange Zeit annahm – von Johann Crüger (1598-1662). Der damalige Kantor der Berliner Nikolaikirche gilt zwar als der nach Martin Luther bedeutendste Melodienschöpfer der evangelischen Kirche, doch für die Autorschaft Martin Rinckarts sprechen mehr und auch überzeugendere Argumente – vor allem die (oft übergangene) Tatsache, daß Rinckart ein musikalisch hochbegabter Mann war, dessen Leben in starkem Maße von der Tonkunst geprägt und bestimmt wurde.

So lernte bereits der junge Thomaner zahlreiche bedeutende Werke der damaligen Musikliteratur kennen. Als „Chorverwalter" der Thomasschule (wir würden heute „Chorpräfekt" sagen) wurde er mit der Leitung des kleineren „zweiten Chores" betraut. Dadurch wiederum konnte er seine musikalischen Fähigkeiten noch stärker entfalten. Auch während seines Theologiestudiums stand die Musik so sehr im Mittelpunkt seiner Interessen, daß er sich mehr mit der Tonkunst als mit den strengen Wissenschaften beschäftigte. Noch Jahre später, als Rinckart sich um das Diakonat in seiner Vaterstadt Eilenburg bewarb, wurde ihm dies als ein Grund für seine Ablehnung von dem zuständigen Superintendenten vorgehalten: Er „habe bisher nicht dem studio theologico, sondern philosohico obgelegen, sonderlich habe er musicam betrieben." Auch als Lehrer am Gymnasium zu Eisleben und Kantor an der dortigen St. Nikolaikirche konnte er – wenn auch nur vorübergehend – wichtige musikalische Erfahrungen sammeln, bevor er endgültig in das geistliche Amt überwechselte.

Von dem Thomaskantor Sethus Calvisius (1556-1615) musikalisch gründlich ausgebildet, war Rinckart in der Lage, nicht nur Liedweisen zu erfinden, sondern auch mehrstimmige Sätze zu komponieren. So enthält sein musikalisches Hauptwerk, „Triumphi de Dorothea", das er für die Eilenburger Kantorei schrieb, nicht weniger als 31 mehrstimmige Chorsätze! Auch auf seine besonderen Aktivitäten innerhalb dieser Chorgemeinschaft, zu deren Vorstand er von Amts wegen gehörte, sei an dieser Stelle hingewiesen. Nachdem die Kantorei in den Kriegswirren zugrundegegangen war, bemühte sich Rinckart gegen Ende des Krieges, als die ersten Hoffnungen auf einen baldigen Friedensabschluß keimten, mit großem Engagement und Erfolg um eine Neubelebung des bis auf zwei Mitglieder zusammengeschrumpften Chores. Mit einer von Rinckart ausgearbeiteten Kantorei-Satzung und nunmehr 17 Mitgliedern konnte „im Jahr unseres Heils und Heilandes und verhoffentlichten Friedens, 1646: auff St. Johannis-Fest" – wie es im Protokollbuche vermerkt ist – ein neuer Anfang gewagt werden.

Seine große Liebe zur Musik aber bezeugt nicht zuletzt eine seiner Petschaften, die zwischen zwei Kreislinien den Namen „Martinus Rinckart" sowie – als eine Art Kryptogramm – die Buchstaben „M.V.S.I.C.A" (von ihm entschlüsselt als „Mein Vertrauen Steht In Christo Allein") enthielt. Sollte dieser qualifizierte Musiker aus Leidenschaft – entgegen seiner sonstigen Gepflogenheit, eigene Texte zu vertonen – darauf verzichtet haben, seinem „Jubel-Jahres-Triumph-Gesang" ein musikalisches Gewand zu geben?

Es gibt noch ein weiteres Argument, das für die Autorschaft Martin Rinckarts an der Melodie spricht: Zum ersten Mal im Druck veröffentlicht wurde diese (zusammen mit dem Text und einer bezifferten Baßstimme) in Johann Crügers „Praxis pietatis melica" („Musikalische Frömmigkeitsübung"), die 1647 in Berlin als zweite Auflage seines 1640 erschienenen „Neuen vollkömmlichen Gesangsbuches Augsburgischer Konfession" herauskam. Unter diesem zugkräftigen, einem Werk

M. Martin Rinckart, JESV-Hertz-Büchlein, Leipzig 1636, Staats- und Universitätsbibliothek Bremen, Sign. R the 973.1/724 (einzig nachweisbares Exemplar der Erstausgabe)

Tisch-Gebettlein.

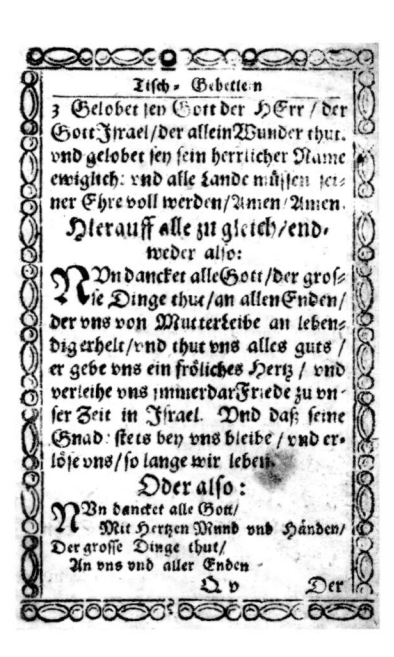

3 Gelobet sey Gott der HErr / der Gott Israel / der allein Wunder thut. vnd gelobet sey sein herrlicher Name ewiglich: vnd alle Lande müssen seiner Ehre voll werden / Amen / Amen.

Hierauff alle zu gleich / entweder also:

NUn dancket alle Gott / der grosse Dinge thut / an allen Enden / der vns von Mutterleibe an lebendig erhelt / vnd thut vns alles guts / er gebe vns ein frölliches Hertz / vnd verleihe vns jmmerdar Friede zu vnser Zeit in Israel. Vnd daß seine Gnad stets bey vns bleibe / vnd erlöse vns / so lange wir leben.

Oder also:

NUn dancket alle Gott /
Mit Hertzen Mund vnd Händen /
Der grosse Dinge thut /
An vns vnd aller Enden

Q v   Der

Tisch-Gebettlein.

Der vns von Mutter Leib
Vnd Kindes Beinen an
Vnzehlig viel zu gut /
Vnd noch jntzund gethan.
Der ewig reiche Gott
Woll vns auff vnser Leben
Ein jmmer frölich Hertz
Vnd edlen Frieden geben;
Vnd vns in seiner Gnad
Erhalten fort vnd fort /
Vnd vns aus aller Noth
Erlösen hier vnd dort.
Lob / Ehr vnd Preis sey Gott
Dem Vater vnd dem Sohne /
Vnd dem der beyden gleich
Im höchsten Himmels Throne:
Dem dreymal einen Gott /
Als Er vrsprünglich war /
Vnd ist / vnd bleiben wird
Jetzund vnd jmmerdar.

Oder also:

Wir loben Gott dem Vater / Sohn vnd H. Geist Alleluja:

Vnd

XXII   Die zwey vnd zwantzigste
IESUS Cordis Habitator.

II. HYMN.

Abrahamum visitavit   Sed cor meū possidebit
Zachæo pernoctavit   IESUS hîc permanebit
Parvis in ædiculis: Sæculorum sæculis.

Jubel = Hertzfrewde.   141
22. JESUS der hochgeehrte Hertz-Besitzer.

1. Hertz-Sprüchlein.

Esa. 57. v. 15.

Ich wohne in der Höhe / vnd im Heiligthumb / vñ bey denen / so zuschlagens vnd demütiges Geistes sind / auff daß ich erquicke den Geist der Gedemütigten / vnd das Hertz der Zuschlagenen.

2. Hertz-Weckerlein.

DEr mit Abraham gespeiset /
Bey Zachæo durchgereiset /
Vnd gehauset vber Nacht;
Der hat ihm ein ewig Bleiben /
Tod vnd Teuffel zu vertreiben /
In mein gläubig Hertz gemacht.

3. Jubi-

des englischen Bischofs Bayley entlehnten Titel erzielte es Rekordauflagen (insgesamt 45) und wurde zum einflußreichsten Gesangbuch des 17. Jahrhunderts im evangelischen Deutschland. Zur „Praxis pietatis melica" erschien 1649 ein Chorbuch, in dem sich Rinckarts „Nun-danket-alle-Gott" ebenfalls befand. Bezeichnenderweise aber sind in diesen beiden ältesten Quellen weder Dichter, noch Komponist genannt! Erst in dem unter Mitwirkung Crügers 1653 herausgebrachten „Berliner Gesangbuch" von Christoph Runge sowie in der Ausgabe der „Praxis pietatis melica" von 1656 – also nach dem Tode Rinckarts! – stehen am Ende des Liedsatzes (d.h., hinter der bezifferten Baßstimme) – die Initialen „J C." (= „Johann Crüger").

Welche Rolle nun könnte Crüger im Zusammenhang mit unserer Melodie gespielt haben? Verschiedene Forscher haben nachgewiesen, daß Rinckart einen mehrstimmigen motettischen Satz zu seiner „parodia jubilaea" schrieb, in dem die Melodie, wie es damals üblich war, im Tenor lag. Der Rinckart-Biograph Wilhelm Büchting z.B. sieht Crügers Verdienst um unsere Choralmelodie lediglich darin, „daß er Rinckarts wahrscheinlich im Tenor gelegenen Cantus firmus in den Diskant gerückt hat" – eine im 16. und 17. Jahrhundert vielgeübte Praxis, die vor allem dazu diente, den Gemeindegesang zu fördern. Ähnlich wie Büchting urteilt der Hymnologe Johannes Linke, der Crüger bestenfalls für einen geschickten Bearbeiter hält, der „einen Kontrapunkt einer Rinckartschen Komposition zu einer neuen Melodie gestaltete." –

Schauen wir uns nun die Melodie selbst einmal etwas genauer an: Ihre hervorstechendsten Merkmale sind die schnörkellose, dem Text völlig entprechende Schlichtheit und Klarheit, ein unkomplizierter Aufbau mit zwei Melodiezeilen (von denen die erste wiederholt wird) und der hymnisch-heitere Ausdruck. Darüberhinaus ist sie geradezu ein Paradebeispiel dafür, wie mit wenigen musikalischen Mitteln eine große Wirkung erzielt werden kann. Dazu tragen zum einen der relativ kleine Tonumfang (von einer Sexte, die – von zwei kleinen Terzsprüngen abgesehen – durchweg mit Schrittfolgen und Tonwiederholungen durchmessen wird) und zum andern das ausgeglichene Wort-Ton-Verhältnis bei. Die Melodie schmiegt sich in ihrem Tonhöhenverlauf und Rhythmus eng an den Text an – sei es durch genaue Akzentuierung der natürlichen Silbenbetonungen, sei es durch Hervorhebung wichtiger Worte (z.B. „Gott", das in allen drei Strophen jeweils in der Mitte der ersten Verszeile steht, durch einen höheren Ton und eine längere Note). Diese perfekte Übereinstimmung von Melodie und Text bestätigt einmal mehr die These, wonach es sich bei Dichter und Komponist um einunddieselbe Person handelt.

Die Melodie ist uns in zwei Fassungen überliefert. Sie unterscheiden sich sowohl rhythmisch (jeweils zu Beginn der beiden Melodiezeilen), als auch melodisch (jeweils an deren Ende). Der punktierte Rhythmus, der die ältere Version lebendiger erscheinen läßt, ist in der (zurechtgesungenen und später häufig veränderten) jüngeren durch gleichmäßige Viertelnoten egalisiert, wodurch der hymnische Charakter stärker hervortritt. Wegen ihrer leichteren Singbarkeit hat sich letztere als die musizierpraktischere und damit auch als die lebensfähigere erwiesen – was man durchaus nicht bedauern sollte. –

Die Verbreitung unseres Chorals aber ging zunächst nicht so schnell vonstatten, wie man sich das als Mensch im Zeitalter moderner Massenkommunikationstechniken möglicherweise vorstellt. Einmal abgesehen davon, daß sich zu jener Zeit – also während des Dreißigjährigen Krieges und in den Jahrzehnten danach – das in viele Staaten zersplitterte und religiös gespaltene „Gotische Monstrum" Deutschland ökonomisch, politisch und kulturell in einem desolaten Zustand befand, dauerte es damals oft Generationen, bis ein neues Lied Eingang in die verschiedensten Gesangbücher fand und damit auch einen gewissen Bekanntheitsgrad erlangte. Das hatte vor allem folgende Gründe:

Wie viele andere Gesänge, die in der ersten Hälfte des 17. Jahrhunderts entstanden (man denke nur an Paul Gerhardts unvergängliche Schöpfungen), repräsentiert auch Martin Rinckarts „Nun-danket-alle Gott" einen – gegenüber dem gemeindebetonten „Bekenntnislied" lutherischer Prägung – neuen Typus von Gesang, den des individualisierten, für Hausandachten, Betstunden und die verschiedensten Situationen des Alltags bestimmten „Geistlichen Erbauungsliedes". Gegen eine Aufnahme solcher Gesänge in den festgefügten Kanon von Liedern aus der vorreformatorischen und der reformatorischen Zeit aber widersetzten sich vor allem die orthodoxen Lutheraner.

Einer schnellen Verbreitung dieser neuen Lieder stand auch die starke kirchenpolitische Zersplitterung Deutschlands im Wege. Jedes landesherrschaftliche Kirchenregiment hatte sein eigenes Gesangbuch mit einer seit der Reformation genau festgelegten Liederordnung, die sich nur schwer verändern ließ. Oft waren sogar unterschiedliche Gesangbücher innerhalb eines (größeren) Ortes gleichzeitig in Gebrauch. Die Erweiterung des Kirchenlied-Schatzes wurde nicht zuletzt auch dadurch erschwert, daß sich Gesangbücher fast ausschließlich in den Händen einiger weniger, z.B. der lese- und schreibkundigen Geistlichen und Lehrer, befanden. So war es recht mühsam, wenigstens einen Minimal-Kanon an Kirchengesängen in den Gemeinden lebendig zu erhalten.

Vor diesem Hintergrund erscheint es mehr als zweifelhaft, daß Rinckarts Choral, wie es immer wieder behauptet und verbreitet wird, als Danklied anläßlich des Westfälischen Friedensschlusses im Jahre 1648 irgendwo in Deutschland angestimmt wurde. In Sachsen z.B. erklang er nicht einmal bei der offiziellen Friedensfeier am 22. Juli 1650, für die der Kurfürst selbst die Lieder ausgewählt hatte. Erst nach und nach avancierte er bei den späteren Feiern zum Gedenken an diesen Friedensschluß zum großen Gratias-Lied.

Gegen Ende des 17. und Anfang des 18. Jahrhunderts – also ungefähr drei Generationen nach seiner Entstehung – aber war Rinckarts „Nun-danket-alle-Gott", z.T. in veränderter (mitunter auch verballhornter) Lesart oder mit Zusatz-Strophen versehen so weit in Deutschland verbreitet, daß sich auch zahlreiche Komponisten – darunter so bedeutende wie Johann Pachelbel, Georg Philipp Telemann und Johann Sebastian Bach – von ihm inspirieren ließen.

Eine der frühesten und zugleich interessantesten Bearbeitungen des Rinckart-Liedes stammt von dem Nürnberger Komponisten Johann Pachelbel (1653-1706). Es ist die (vermutlich in den 1680er Jahren entstandene) Motette „Nun danket alle Gott" für achtstimmigen Doppelchor. Das Werk besteht aus zwei kompositorisch sehr unterschiedlichen, vom Text her begründeten Abschnitten: Im er-

PRAXIS PIETATIS MELICA.

Das ist:

Ḃbung der
Gottseligkeit in Christ-
lichen und trostreichen
Gesängen/
Herrn D. Martini Lu-
theri fürnemlich/ wie auch anderer seiner getreuen Nachfolger/ und reiner
Evangelischer Lehre Be-
kennerer.
Ordentlich zusamen gebracht/
und über vorige Edition mit noch gar
vielen schönen Gesängen de novo
vermehret und verbessert.
Auch zu Beförderung des so wohl Kir-
chen-als Privat-Gottesdienstes mit bey-
gesetztem bißhero gebräuchlichen / und vielen
schönen neuen Melodien/ nebenst dazu
gehörigen Fundament/verfertiget
Von
Johan Crügern/ Gub. Lusato. Direct.
Musico in Berlin.

In Verlegung Balthasaris Mevii. Witteb.
Gedruckt zu Franckfurt/ bey Casp. Röteln Anno 1656

Erneuertes und vermehrtes
Gesangbuch
Durch
Johann Crügern
1656

---

521 Lob-und Danck-Lieder.

mit verstand gezieret/ Unnd durch deinem
Geist getröstt/ Hast mich dir zum dienst er-
wehlet/ Vom verdamniß loß gezehlet.

7. Du läßst mir zu gut auffspriessen Bäu-
me/ kräuter/ öl und most/ Laß ich dessen
kan geniessen/ Giebst mir wild und vieh zur
kost / Erde / meer und lufft muß geben/
Was da noth ist meinem leben.

8. Wer kan deine güt erzehlen? HERR!
diß ist für mir zu viel: Zeit unnd wort und
kräffte fehlen / Denn dein hülff ist ohne ziel.
Drum so laß mein kindisch lallen Dir in
einfalt/ HErr/ gefallen. J.F.

251.

Nu dancket.

NU dancket alle GOTT mit hertzen/
mund und händen / Der grosse dinge
thut

522 Lob-und Danck-Lieder.

thut an uns und allen enden/ Der uns von
mutterleib unnd kindesbeinen an Unzäh-
lich viel zu gut/ und noch itzund gethan.

2. Der ewigreiche GOtt woll uns bey
unserm leben Ein immerfrölich hertz und
edlen friede geben/ Und uns in seiner gnad
erhalten fort und fort / Und uns aus aller
noth erlösen hier und dort.

3. Lob / ehr und preis sey GOTT dem
Vater und dem Sohne / Und dem
der beyden gleich im höchsten himmelsthrone / Dem dreymaleinen GOtt/ als er ursprünglich war / Und ist und bleiben wird
itzund und immerdar.

252. Der 147. Psalm.

Lobet Gott.

Lobet

Johan Crügern, PRAXIS PIETATIS MELICA, 1656
Niedersächsische Staats- u. Universitätsbibliothek Göttingen

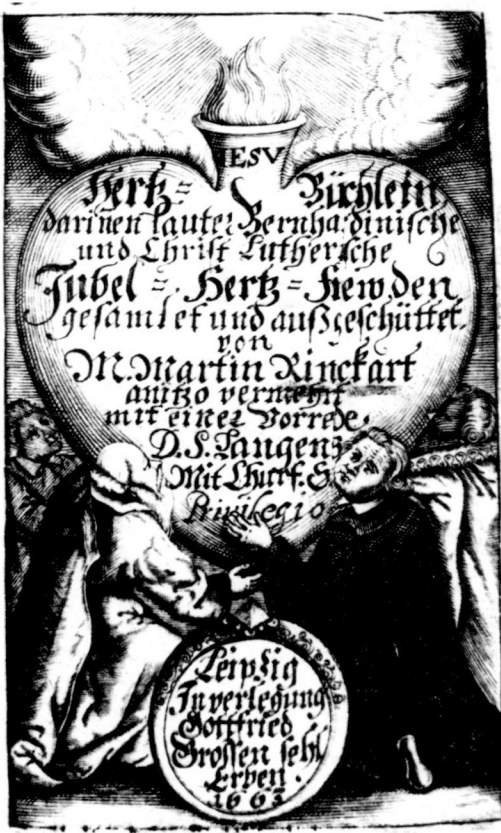

M. Martin Rinckart, JESV-Hertz-Büchlein, 2. Auflage, Leipzig, 1663
Niedersächsische Landesbibliothek Hannover; Sign. CIM I/68

sten, akkordisch-deklamatorisch gehaltenen, deutet Pachelbel den ursprünglichen Sirach-Text (s.o.) in typisch barocker Manier aus (z.B. „fröhlich" durch auffällige Koloraturen, die Worte „Frieden" und „bleiben" dagegen durch längere Töne oder Pausen). Im abschließenden zweiten Teil läßt der Komponist beide Chöre zusammen die erste Strophe des Rinckart-Chorals in einem vierstimmigen Cantus-firmus-Satz anstimmen, bei dem die Melodie im Sopran über einen polyphonen Geflecht sich ständig bewegender, rhythmisch und melodisch kontrastierender Unterstimmen erklingt.

Auf den weiteren Spuren, die Martin Rinckarts Choral hinterlassen hat, gelangen wir nun zu einem der größten Komponisten: Johann Sebastian Bach (1685-1750). Bach hat ihn während seiner Amtszeit als Thomaskantor in Leipzig (1723-1750) gleich mehrere Male verarbeitet – neben zwei kleineren Chorsätzen (BWV 252 und 386) zu einem Orgelchoral (BWV 657), einem klangprächtigen Chorsatz innerhalb der Kantate „Gott der Herr ist Sonn und Schild" (BWV 79), dem zwei Hörner und Pauken festlichen Glanz verleihen, sowie zu der Choralkantate „Nun danket alle Gott" BWV 192). In der – wahrscheinlich um 1730 entstandenen und zum Reformationsfest oder für eine Trauung geschriebenen – Kantate BWV 192 erklingen alle drei Strophen des Rinckart-Liedes in jeweils unterschiedlicher Gestalt und Struktur: Dabei spannt sich der Bogen vom konzertanten Cantus-firmus-Satz des Eingangschores („Nun danket alle Gott") über den als feierlich-anmutiges Duett für Baß und Sopran gestalteten zweiten Satz („Der ewigreiche Gott") bis zum tänzerischen Finale, einem Cantus-firmus-Satz, in dem die tieferen Chorstimmen und das in ständiger Drei-Achtel-Bewegung dahineilende Orchester reizvoll zum melodieführenden Sopran kontrastieren („Lob, Ehr und Preis sei Gott").

Knapp hundert Jahre nach Bach machte – wiederum in Leipzig – unser Choral in einem völlig anderen musikalischen Stil und in ganz neuem klanglichen Gewande, dazu melodisch leicht, textlich jedoch stark verändert, auf sich aufmerksam: als klangschwelgerischer Chorgesang mit Orchester und als Teil einer weiträumigen „Sinfonie-Kantate". „Lobgesang" – so nannte deren Komponist Felix Mendelsohn (1809-1847) sein Werk, das er am 26. Juni 1840 zur Vierhundertjahrfeier der Erfindung der Buchdruckerkunst in der Thomaskirche zum ersten Mal und mit großem Erfolg zu Gehör brachte. Zwei Strophen klingen auf – die erste in einem klangdynamisch weichen sechsstimmigen Chorsatz a-cappella, die folgende als sich mächtig steigernder Hymnus im Unisono aller Stimmen und mit Begleitung des Orchesters.

In die Nähe einer „Vaterländischen Hymne" dagegen rückt unser Choral (zumindest gedanklich) in einem cantus-firmus-artigen Satz von Johannes Brahms (1833-1897). Der Komponist fügte ihn – sehr dezent und unaufdringlich – in sein 1871 vollendetes „Triumphlied" für achtstimmigen Chor, Bariton-Solo und Orchester ein. Brahms, der aus seiner patriotischen Gesinnung nie ein Hehl machte, schrieb das Werk zur Feier des Sieges Deutschlands über Frankreich und widmete es dem Kaiser des neugegründeten Deutschen Reiches, Wilhelm I. von Preußen. Während der glanzvoll-pathetische erste Satz thematisch stark von Motiven der damaligen „Kaiserhymne" („Heil dir im Siegerkranz") geprägt ist, zitiert Brahms im zweiten die erste

Melodiezeile des Rinckart-Chorals, die hier – von den Bläsern sanft intoniert und danach vom Sopran bzw. von den Bässen aufgegriffen – durch einen poetisch-sensiblen Ausdruck bezaubert.

Noch eine weitere, allerdings kaum bekannte Komposition des 19. Jahrhunderts verdient es, an dieser Stelle genannt zu werden: Heinrich von Herzogenbergs (1843-1900) klangschöne und feingearbeitete Choralphantasie „Nun danket alle Gott" op. 46 für Orgel. Das 1885 erschienene Werk des zum Brahmskreis zählenden Komponisten, in dem sich alle drei Strophen als klanglich kontrastierende Charakterstücke (z.T. mit aparten Tonmalereien, wie im zweiten Satz) darstellen, ist neben J.S. Bachs Kantate BWV 192 (s.o.) die umfangreichste „Hommage" an Martin Rinckarts Lied.

In unserem Jahrhundert schließlich waren es Komponisten vom Range eines Max Reger (mit fünf Beiträgen!), Sigfrid Karg-Elert, Marcel Dupre oder Ernst Pepping, um nur einige wenige zu nennen, die unseren Choral zu klanglich und kompositorisch z.T. beeindruckenden Opera gestalteten. –

Stellvertretend für all jene zahlreichen Kompositionen, die im 20. Jahrhundert zu Rinckarts Lied entstanden, soll auf ein Werk näher eingegangen werden, dessen außergewöhnliche klangliche Erscheinung und dessen interessante musikalische Struktur aus dem Rahmen der üblichen Choralbearbeitungen fallen. Es ist das letzte Stück einer Trilogie von Orgelkompositionen von Max Reger (1873-1916), die das Thema „Krieg" zum Inhalt hat und (zusammen mit noch weiteren vier Werken) als Opus 145 herausgebracht wurde. Reger, der mit seinem klanglich üppigen, spätromantisch-farbigen und kontrapunktisch dichten, in seinem künstlerischen Anspruch vor allem J. S. Bach verpflichteten Kompositionsstil die Orgelmusik in Deutschland zu einer letzten großen Blüte brachte, gab ihm den (patriotisch gefärbten, ganz dem Zeitgeist verpflichteten) Titel „Siegesfeier" (op. 145,7).

Aus dem 1916 – also im Todesjahr des Komponisten – entstandenen Stück klingt jedoch weniger das Triumphieren eines (möglichen) Siegers heraus, als vielmehr die Sehnsucht eines Menschen nach Frieden und damit dem Ende „dieser entsetzlichen Tragödie" (Reger). So erscheint das (streckenweise) unkonventionell harmonisierte „Nun-danket-alle-Gott", das Reger nach zunächst bruchstückhaftem Zitieren zeilenweise erklingen und mit z. T. apokalyptisch anmutenden, die Grenzen kadenzgebundener Musik überschreitenden Klangfolgen alternieren läßt, eher als ein utopischer Wunsch, denn als Ausdruck von Freude und Dankbarkeit – dies umsomehr, als am Ende das „Deutschlandlied" (damals noch keine offizielle Nationalhymne) mit geballter Kraft obsiegt. – Noch einmal ein Sprung zurück ins 18. Jahrhundert! Besonders schnell scheint sich Rinckarts Choral im absolutistisch-aufgeklärten Preußen mit seinem geistigen und kulturellen Zentrum Berlin durchgesetzt zu haben. Dazu trugen nicht unwesentlich die beiden bereits genannten Gesangbücher von Johann Crüger und Christoph Runge (s.o.) bei.

Als ein interessantes und bemerkenswertes Indiz für die große Popularität, dessen sich Rinckarts Danklied schon damals in Preußen erfreute, kann der vieltausendstimmige Gesang der Krieger nach der Schlacht bei Leuthen (s.o.) gewertet werden. Aus der Tatsache nämlich, daß so viele Männer – die meisten davon aus den niederen Ständen – diesen Choral anstimmten, läßt sich unschwer schließen, daß er bereits um die Mitte des 18. Jahrhunderts in jenem Kanon von Kirchengesängen fest verankert war, den man im Religionsunterricht zu lernen hatte.

Von Preußen aus, das unter der Regentschaft Friedrichs des Großen (1740-1786) zu einer europäischen Großmacht aufstieg und in späteren Jahrzehnten immer weiter „nach Deutschland hineinwuchs", begann wohl auch der Siegeszug unseres Chorals durch die deutschen Lande und über ihre Grenzen hinweg. So kann man sagen, daß er zwar sächsischem Boden entsprang, aber (welche Ironie der Geschichte!) erst durch Preußen zu dem wurde, was er auch in unseren Tagen noch immer ist – das „Gratias-Lied" schlechthin. Mittlerweile singen ihn, in unzählige Sprachen übersetzt, die Christen in aller Welt, und auch zukünftige Generationen werden ihn immer wieder anstimmen zu Gottes „Lob, Ehr und Preis".

Siegmar Keil

Ad personam

Siegmar Keil, Hamburg
Dr. phil., Studiendirektor i.R., geb. 1932, getauft und konfirmiert zu St. Nikolai/Eilenburg.
Studium an der Martin-Luther-Universität Halle-Wittenberg, der Universität Hamburg sowie der Musikhochschule Hamburg (Schulmusik für Gymnasien, Historische Musikwissenschaft, Anglistik, Erziehungswissenschaften, Phonetik).
Publikationen:
„Werkbetrachtung im Musikunterricht" (1972), „Untersuchungen zur Fugentechnik im Instrumentalschaffen Robert Schumanns" (1973), Mitherausgeber von „Robert Schumann – Thematisches Verzeichnis sämtlicher im Druck erschienenen musikalischen Werke" (1982).
Aufsätze in den Zeitschriften „Musik und Bildung", „Musica", „Neue Zeitschrift für Musik".
Werkeinführungen zu Schallplatteneinspielungen u.a. für CBS, TELDEC, Sony und Deutsche Gramophon (Schwerpunkte: Schumann, Brahms, Mahler).

Lesenswerte Literatur zum Thema „Martin Rinckart und sein Choral *Nun danket alle Gott*"

Brüssau, Adolf: *Martin Rinckart und sein Lied „Nun danket alle Gott"*,
Leipzig und Hamburg 1936

Büchting, Wilhelm: *Martin Rinckart, ein Lebensbild des Dichters von „Nun danket alle Gott" auf Grund aufgefundener Manuskripte*,
Göttingen 1903

Hauck, A. (Hrsg.): *Realencyclopädie für protestantische Theologie und Kirche, Bd. 17*,
Leipzig 1907, S. 13-16

Kulp, Johannes: *Die Lieder unserer Kirche*,
Berlin 1958, S. 349-351.

Mahrenholz, Christhard/Söhngen, Oskar (Hrsg.):
Handbuch zum Evangelischen Kirchengesangbuch;
Bd. II,1 – Lebensbilder der Liederdichter und Melodisten, bearb. von Wilhelm Lueken, Göttingen 1957, S. 155/156; Bd. III,2 – Liederkunde, hrsg. von Joachim Stalmann und Johannes Heinrich,
Göttingen 1990, S. 140-143

Maas, F.D. (Hrsg.): Der Müntzerische Bawren-Krieg, Reprint, Hildesheim 1991

Nelle, Wilhelm: *Geschichte des deutschen evangelischen Kirchenliedes*,
Hamburg 1904, S. 83-99.

Werner, Arno: *Die Eilenburger Kantorei und Martin Rinckarts Verdienste um dieselbe*,
in: Monatsschrift für Gottesdienst und kirchliche Kunst, H. 4/1902, S. 122-128.

Bearbeitungen des Rinckart-Chorals auf Compact Discs (Auswahl):

Bach, Joh. Seb.: *Kantate „Gott der Herr ist Sonn und Schild" BWV 79*, Bach-Ensemble Helmuth Rilling, hänssler classic Nr. 98.866.

Bach, Joh. Seb.: *Kantate „Nun danket alle Gott" BWV 192*, Thomanerchor Leipzig, Neues Bachisches Collegium Musicum, Ltg. H.-J. Rotzsch, Berlin Classics Nr. 0021762.

Bach, Joh. Seb.: *„Nun danket alle Gott", vierstimmiger Choralsatz BWV 386*, Regensburger Domspatzen, Ltg. H.-M. Schneidt, Deutsche Grammophon Nr. 445 291-2.

Bach, Joh. Seb.: *Orgelchoral „Nun danket alle Gott" BWV 657*, Edgar Krapp, Ariola-Eurodisc Nr. 0202.

Brahms, Johannes: *„Triumphlied" op. 55*, Prager Philharmonischer Chor, Tschechische Philharmonie, Ltg. Giuseppe Sinopoli, Deutsche Grammophon Nr. 435 066-2.

Herzogenberg, Heinrich von: *„Choralphantasie ‚Nun danket alle Gott'" op. 46*, Lothar Knappe, Orgel, Christophorus Nr. 77 162.

Karg-Elert, Sigfrid: *Triumphmarsch „Nun danket alle Gott" op. 65,59*, Peter Hurford, Orgel, DECCA Nr. 430 710-2.

Mendelssohn, Felix: *Symphonie Nr. 2 B-dur op. 52 – „Lobgesang"*, London Symphony Chorus und London Symphony Orchestra, Ltg. Claudio Abbado, Deutsche Grammophon Nr. 423 143-2.

Oley, Johann Christoph: *Choralvariation „Nun danket alle Gott"*, Jan van Mol, Orgel, PAVANE Records Nr. ADW 7314.

Pachelbel, Johann: *Motette „Nun danket alle Gott"*, Cantus Cölln, Ltg. Konrad Junghänel, deutsche harmonia mundi Nr. 05472 77305 2.

Reger, Max: *Choralvorspiel „Nun danket alle Gott" op. 67,28*, Rosalinde Haas, Orgel, Musikproduktion Daringhaus und Grimm Nr. 3361

Reger, Max: *„Siegesfeier" op. 145,7*, Rosalinde Haas, Orgel, Musikproduktion Daringhaus und Grimm Nr. 3357.

Wir danken den genannten Kirchengemeinden, Bibliotheken und Museen für die freundlich erteilten Abdruckgenehmigungen.

Zahlreiche Originalausgaben der Werke Martin Rinckarts und seines Sohnes Samuel befinden sich in den Universitätsbibliotheken zu Halle und Leipzig sowie der Stadtbibliothek Leipzig.

Impressum

ISBN 3-00-000 740-7

Redaktionsschluß: 24.4.1996
Herausgeber:
Evangelische Kirchengemeinde St. Nikolai Eilenburg
und die Stadt Eilenburg

Redaktion/Konzeption: Angelika Schiller, Andreas Flegel,
Ernst Gottlebe, Jürgen M. Pietsch

Grafische Gestaltung: Ulrike Weißgerber, Leipzig
Fotografie: Jürgen M. Pietsch, Spröda

Lithografien: Scancolor Leipzig
Filmbelichtung: DTP-System-Studio Leipzig
Gesamtherstellung: Messedruck Leipzig GmbH

© 1996 Evangel. Kirchengemeinde Eilenburg

© 1996 JÜRGEN MARIA PIETSCH · FOTOGRAF   edition AKANTHUS   IM ALTEN PFARRHAUS · 04509 SPRÖDA